37

FOTO**TORST**

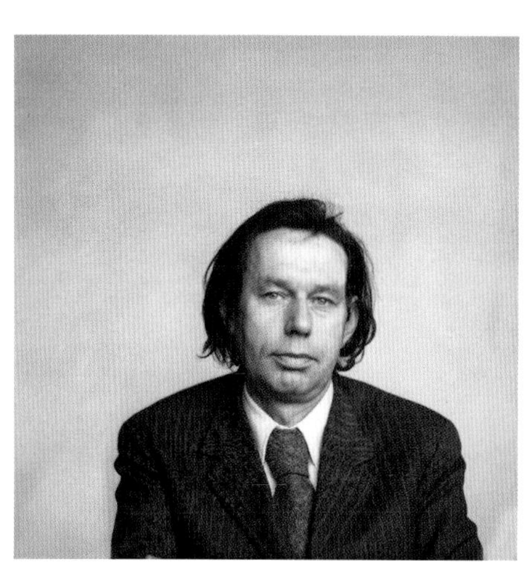

PAVEL VANČÁT

Jan **Svoboda**

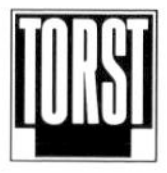

Kniha byla vydána ve spolupráci s Ministerstvem kultury České republiky.

Poděkování autora:
Anna Svobodová, Antonín Dufek, Jiří a Blanka Poláčkovi, Anna Fárová, Marek Pokorný, Jiří Pátek, Olga Vrkoslavová, Jana Effenbergerová, Jan Rous, Petr Balajka, Petr Rezek, David Korecký, Jan Freiberg, Frederick Bulsara, Barbara Toifl, Hansgert Lambers, Hannah & Daniel Permanetter, Adam Holý, Míša Stoilova, Zdeněk Palán

ISBN 978-80-7215-424-1

Jan Svoboda, the Challenger of Photography

Upon the paths of my steps lie shadows of
Clouds of the centuries
Upon the paths of my eyes airy pictures
Reflected from infinity
Otokar Březina, *Svítání na západě* (Dawn in the West)

Even dreaming can be a kind of work.
Jan Svoboda

With his lifelong work Jan Svoboda intentionally created a pictorial labyrinth depicting the encoded symbols of his own life and also snippets of his reflections on the possibilities of photography and depiction, experience, and existence in general. This many-layered labyrinth can therefore be read in a variety of ways, as items intended for meditation, in subtle variations from one series to another, but also as an exciting story of the struggle between a single-minded artist and the seemingly innocent medium of photography. Svoboda's total, often self-destructive desire to do everything to the maximum, but also his bohemian approach to life and his aversion to authority, led him uncompromisingly to settle scores with the photography of his day (always stubbornly refusing to be considered part of it), and it helped him to give his "photography" an entirely individual appearance, uniquely and radically reassessing the hitherto development of the medium as an art.

A poet discovers photography, 1957–63

Jan Svoboda was born in Bohuňovice, near Olomouc, Moravia, in 1934, and throughout his life he retained a certain pride of the people of the Haná region and a respect for tradition. The seriousness that conceives of art as a momentous lot, stemmed partly from Svoboda's birthplace, which for him represented a life-long starting point, and also a paradise lost, which often mournfully resounds in the ceremoniously simple subject matter of his photographs. An important role was played not only by the experience of his having been poor, but also the harsh experiences of the end of the war (including his own serious wound) and a tangled, mysterious family history.

"While a student, he wrote poems and read. Next to each other on his library shelves were [the art periodical] *Volné směry* (Independent Trends), the works of Teige, Šalda, Březina, Hlaváček, Nezval, Eluard, Breton, the periodical *Minotaure* with plates of works by Arp, Picasso, Man Ray, Brassaï, and Štyrský," the photography historian Anna Fárová wrote for his first solo catalogue, providing an apt summary of Svoboda's development as an artist.[1] What was essential, however, was his becoming acquainted with the founders of Modern painting, both from Bohemia (mainly Kubišta and Špála) and abroad (mainly Cézanne and Braque). Svoboda thus shared the experiences of his contemporaries in art, who in Communist Czechoslovakia in the late 1950s had to rejoin the Modernist tradition almost from scratch. Svoboda was thus, from the beginning, building not on the tradition of photography, but on the tradition of painting, from which he gradually and deliberately adopted many principles of composition and tonality.

His models from literature were as important to him as his models from painting. They inspired him in his own writing of poetry. Photography, as he himself said, initially served chiefly as an instrument to illustrate his verse. In addition to the initial Constructivist still lifes and the Symbolist compositions, Svoboda made his first large series, *A View of the Gasworks* (1957–58). Here he has depicted his getting familiar with the Prague outskirts, where countryside and industrial development intermingle in an aloofly melancholic style, which has nothing at all to do with the humanist canon of those days, and also avoids poetic romanticizing. In 1958, at an exhibition in Aleš Hall, Svoboda discovered the works of Josef Sudek. Meeting this much older photographer, who in many respects understood photography in the same way he did, must have been a revelation and encouragement for Svoboda. Sudek thus became a life-long love and a model for emulation. Though his works contain numerous links to Sudek's in terms of subject matter and the handling of light, Svoboda was inspired by Sudek much more generally, mainly by the depth and intensity that a photograph can achieve, enabling Svoboda soon to set out on his own path.

Most of Svoboda's early photos have a poetically existential hidden meaning, which he often suggested by using snippets of his own poetry for their titles. The photos of the *Stones* series have fatefully sounding Symbolist subtitles. Many other titles sound spiritual, including *Fuchsia: The Annunciation*, *Phantom II: Angel*, *An Image That Will Not Return*, *There Are Memories of Memories*, which provide the photographs with a second, literary level. The photography historian Antonín Dufek has aptly remarked that at this stage Svoboda "mixes Existentialism with Abstract Expressionism (*art informel*)."[2] One of the most beautiful examples of that *informel* approach is the *Wounded Wall* (1963), where, however, the photographic image, in depicting the found textures, no longer refers to associations (which was common in the post-Surrealist photography of those days). Instead, it is now purely and simply abstract in its absolute realness, and yet also ephemerally dreamy.

This literariness accompanied Svoboda throughout his life also in his work with various kinds of subject matter. Instead of being photographic observations, his works are carefully built constellations in which, like in poetry, the individual elements may be symbols or represent ideas that carry more general meanings. Simple constants – a stone, an apple, a table, a window, and the texture of a wall or other surface – here represent elementary units of life experience, which can in mutual relations of space and light be linked together into mysterious stories. Svoboda sought to construct each photograph (but also his own photographic style) as a whole, absolutely planned from the foundations, like a painting or a sculpture, in sharp contrast to the photographic practice of the period.[3] This includes a thorough exploration of the possibilities of the tones and the mounting of the photograph. As the photography historian Jaroslav Anděl rightly remarked in reaction to Svoboda's Brno retrospective, "the most essential feature of Svoboda's whole *oeuvre* is represented by tonal value understood as the basic building block of the pictorial space."[4] Throughout his life, his model in this respect was Paul Cézanne and his theory of the *modulation* of spots of color. Svoboda thus similarly designed his work also with regard to tonality, using what was at the time an almost shocking reduction of the gray scale. Each of his prints is consequently a distinctive original, hard to make an exact copy of.

A photograph symptomatically called *Melancholy* (1963) plays an iconic role in Svoboda's early work. The simple existentially conceived still life with a shell, with tonality exemplarily darkened to the outer limits of legibility, but which reveals, upon closer inspection, a deep texture of surfaces, draws the viewer into an almost magically illusory space. *Melancholy* was one of four photographs that Svoboda presented at the last exhibition of the Máj (May) group in 1964, of which he had been made a member only the year before. His association with artists in or around the Máj group (particularly Zdeněk Palcr,

Stanislav Podhrázský, Zbyněk Sekal, and Robert Piesen) provided Svoboda with new inspiration and a sense of belonging to an elite group of fine artists.

From structure to emptiness, 1964–68

An exceptional intermezzo, anticipating the beginning of a new stage in Svoboda's life and work, is the unique series of nudes *Triptych: Wave, Landscape, Cove* (1964). They are on the border of lyricizing abstraction in a minimal grainy crop from a 35 mm frame. Svoboda's distinctiveness is manifested even in this apparently marginal digression, contrasting sharply with the run-of-the-mill conception of the then popular subject of the nude, and tenderly expressing a lover's enchantment.[5]

His long-term work on the series *A Treatise on Sculpture* for the theoretically conceived but unpublished book by the sculptor Miloslav Chlupáč was only apparently in vain for Svoboda. Absolute freedom in the selection of subjects allowed him to explore plasticity and the possibilities of depicting sculpture in photographs, and provided him with a deeper understanding of the relationship between two-dimensional and three-dimensional depiction, texture, and modeling. The Surrealist aesthetic and radical tonality thus gradually vanished, and Svoboda began to devote himself to simple, minimal, but always photographically refined, *verismo*. One of the most characteristic photographs of this period is *Surface* (1967), depicting only the abstract two-dimensional texture of a scratched surface, with a wisp of cobweb playfully emphasized by its shadow. The photograph *With a Bluish Tide* (1968) (a title that again quotes one of his early poems), represents an important watershed. It is Svoboda's first photograph without a concrete subject, capturing only light projected on an empty wall. Light, as a fundamental element of the photographic process and as a necessary condition for knowing, also has a sacrosanct underlying meaning for Svoboda, springing from his romantic and symbolic roots.

An integral part of the autonomous essence of Svoboda's works is the sophisticatedly constructed mounting of his photographs. This is minimized to the picture alone, without a frame or border, which is then pasted onto a hard backing and set off from the wall by a metal hanging frame.[6] In this way Svoboda maximizes the autonomy of the photographic image, its physicality, no matter how illusory. The photograph, which other photographers usually put into an

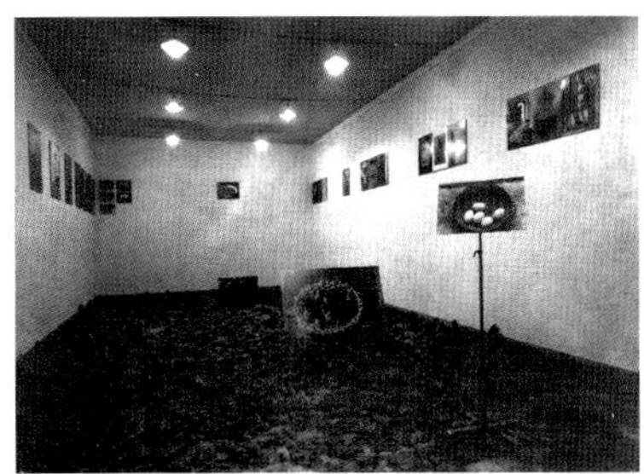

Installation of the Jan Svoboda exhibition at the Charles Square Gallery, designed by Stanislav Kolíbal / Instalace výstavy Jana Svobody v Galerii na Karlově náměstí dle návrhu Stanislava Kolíbala, 1968

ordinary frame or mounting, has thus become in essence a two-dimensional sculpture. The occasional signing or dating of the photographs directly on the front (following the example of painters), often sophisticatedly enclosing the composition, is similarly radical. In connection with his role models from the ranks of painters, Svoboda also determined the unique size of the ideal print for each photograph. He thus radically stripped the photograph of its basic characteristics of being multipliable and reproducible, putting it back in a sphere between photography and painting and partly returning to pictorialism, but defined technically in fully photographic terms. As the writer on photography Petr Balajka has observed, Svoboda actually managed to return to photography the Benjaminian "aura" of uniqueness and sacredness.[7]

Svoboda's first solo exhibition, in the Galerie na Karlově náměstí (Charles Square Gallery), Prague, in 1968, organized by Anna Fárová and innovatively installed by the sculptor Stanislav Kolíbal, brought Svoboda not only well-deserved attention but also new self-confidence and faith in his own direction. He then dared further to think through and clarify what he had hitherto only hinted at. In the course of the next several years he thus made works that crown his *oeuvre* up to that point in a truly radical way.

A photograph of a photograph, 1969–72

A pivotal role in the development of Svoboda's works was probably played by the first pictorial quotation of his own works, the ironically enquiring photo *The Other Side of a Photograph* (1969).[8] This apparently inconspicuous, yet absolutely fundamental, turnaround consists in the fact that from this moment the medium of photography ceased to be only a means for Svoboda. Instead, it became also a direct, explicit subject of his work. He found a new, radical possibility for photographic depiction, and was beginning to take an interest in the very essence of "photography," which he tried to clarify and describe, and soon began to take issue with. This pictorial analysis, starting from the appropriation of his own works, gradually led also to emotional self-analysis, eventually turning into destruction, though usually strictly controlled. In this "linguistic turn" Svoboda's heroically radical and proudly self-destructive struggle with the photographic image comes to a peak.[9]

Although composition had for Svoboda been a substantial part of his art from the beginning, he began to devote himself to it in the late 1960s and early 1970s as an explicit topic in connection with a more deliberate analysis of the requirements of photography. The three analytically named series *Half*, *An Attempt at the Ideal Proportion*, and *An Attempt at the Expression of Space* are based on the pulsation of two-dimensionality and three-dimensionality, illusion, and reality, which intermingle. The subject matter often ceases to be important here, and only emptiness remains in a perfect composition, mercilessly cropped on the edge of deconstruction in which space and surface mutually oscillate like a taut membrane, which can, even if only slightly disturbed, cause an implosion or explosion.[10]

Whereas the series that begins with *Window I* (1963) has clearly been inspired by Sudek and his magical studies of glass and light, loosely following from the *View from a Window* series, which Svoboda made from 1970 onwards, it is now conceived with absolute magnanimity, as a direct discussion of the relationship between interior and exterior, as the conflict of the desire for nature and, on the other hand, the prison of his own apartment, infinity and enclosure. The window here can easily be understood also as a metaphor for the photograph, always depicting only a limited section of reality, which is actually inaccessible and indescribable. A special chapter is *Tables,* his large series that began in 1970.[11] In addition to the fifty-two *Table* photographs, there are the smaller series *Half a Table*, *A Quarter of a Table*, and *A Fragment of a Table*, which again explore the laws of composition, but also confer on a single table countless roles in various compositions, often quite radical in perspective or atmosphere, sometimes defamiliarized by an absurdly existential, theatrical arrangement.

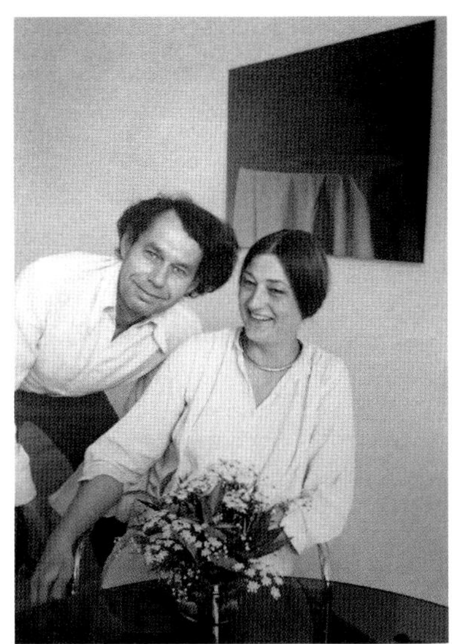

Jan and Anna Svoboda in their flat in the Prague district of Košíře, c. 1975 / Jan Svoboda a Anna Svobodová v bytě v Košířích, kolem roku 1975. Photo: Margita Mancová-Pechová

In the *Prepictures* series Svoboda is expressly concerned with his own work and reflections and interpretations of it. The photographs of his own photographs leaning against the wall or lying on a table or his photographs of empty sheets of glass (used to stretch out wet prints) with leftover bits of adhesive tape are actually an unasked question about the meaning of his life and his work, the development of his ideas, and accumulation of material. This excruciatingly self-probing approach led to the sudden brutal radicalization in the photograph that first appeared on Svoboda's New Year's greetings for 1973, *A Picture That Will Not Return XXXV* (1972): it depicts torn-up photographs thrown onto linoleum, but again in a perfect Svoboda composition. Several other photographs that further depict the destruction of his own works thus represent the outer limit of Svoboda's struggle with the obstinate medium of photography and also with himself. The image is humbled by its destruction, only to be depicted again shortly afterwards.

Memories of photographs, 1973–87

In 1971, thanks to Anna Fárová and Jiří Šetlík, Svoboda found employment as a photographer at the Museum of Decorative Arts in Prague. Despite having entered an inspiring environment and having an opportunity to do more interesting tasks, Svoboda eventually decided to limit his own work. The exhibition in Kunštát House (Dům pánů z Kunštátu) in 1975, organized by Antonín Dufek, thus became a retrospective just after Svoboda's work was at its peak. Increasing problems with his health and with making a living, and also a growing sense of not being recognized, made him turn inward. In 1983 Svoboda quit his job at the museum. The exhibition "Comparison I: The Photographs of Josef Sudek and Jan Svoboda" in Roudnice nad Labem (organized by the Museum of Decorative Arts curator Zdeněk Kirschner) was in a certain sense the museum's polite farewell to Svoboda. It publicly assigned him the role of Sudek's successor, but without the honors or advantages.[12] Similarly, the pair of exhibitions in prestigious London and Oxford galleries met with little response, and Svoboda was unable to participate in person.

From the mid-1970s, increasingly often and expressly, references appear in Svoboda's works to the actual process of making a photograph, for example *Negatives* (1982), *Still Life with Film Cartridges* (1983), and *On the Table (Still Life with Agfa)* (1983). Another group of works comprises the dark wistful photos of the flat in the Košíře district of Prague, which was both a refuge and a prison for Svoboda: the colossally ominous *Night* (1975) or hopeful and light *Dawning* (1975–76) and *When the Sun Rose* (1984). Svoboda put together his last exhibition, in the Fotochema gallery in 1987, surprisingly consisting of only his earliest and latest works. In addition to his increasingly ephemeral and melancholic still lifes and light studies, this exhibition included a photograph of recapitulation, *Found Still Life, Self-portrait* (1985). This photograph is in many ways a contemplation of his own life, balancing between limited fame and bitterness. With quotations from family photos and his own works, which are assembled into one illusively merging spatial plane, the photograph brings his works and life to a close. By a cruel twist of fate, Svoboda died suddenly and unexpectedly just as his works could finally be truly appreciated, only a few weeks after the collapse of the Iron Curtain.

A traditionalist revolutionary

In the course of the mere twenty years since he had begun as an artist, Svoboda seemed to describe and anticipate the whole developmental line (or perhaps circle) of Modern photography. From simple mimetic depiction, through attempts at solving questions of color, surface, and composition, his development anticipated the postmodern denial of the photographic tradition. But Svoboda's works are original also in the way they cling to their own timelessness and independence. On the one hand, he attempted to complete the emancipation of the modern photographic image. On the other, in his own way, he returned to pictorialism. Though he was occasionally somewhat wrongly labeled a minimalist, counter to the abstract and immaterial conceptual forms that began to be used in the 1960s and 1970s, which he observed up close in Czech art, Svoboda set out on his own path, always adhering to the artifact, no matter how far it was taken to its limits. "In my opinion, there is a principle in art that less is more, but surely that does not mean, despite what some people claim, that I am minimalist. I consider myself a realist and a romantic – and those two things are surely not mutually exclusive," Svoboda said in his last interview.[13] The symbolism and melancholy of his works sometimes led him to an almost self-pitying lyricism, which we can fully understand only upon closer examination of the whole body of his work.[14] The continuous inner struggle between tradition and revolt, simplicity and sophistication, passion and rigorous reflection makes Svoboda's works inspiring evidence of a solitary and truly unique effort.

"I have no program. That is what's horrible about it. I return to some earlier thing, to some negatives that I still have. It is my habit to destroy them, to maintain the originality of the photographs. And sometimes I become enraged that a photograph is stupid, and I tear apart the negatives. Sometimes I am totally mad," Svoboda complained (quite possibly with bitter self-satisfaction) in a 1982 interview with the Czech-born photographer Liba Taylor.[15] Yet it was he who set his own program – it was the search for the possibilities of the autonomy of the photographic image. In the Czech milieu, which lacked profound theoretical reflections on the Modern photographic image, Svoboda became a kind of apostle, not only of unique expression, but also of thinking about photography. His works consequently conceal in themselves both aesthetic and theoretical discoveries. Svoboda was partly a silent theorist, oscillating between emotion and rationality, suggestion and explanation, love and construction, without abandoning the one or the other. It is fair to see his whole work as an attempt at a new, purified synthesis of the traditions of photography and painting. This synthesis would maintain the equilibrium of the two currents – as if the ancient paradoxical expression "to draw with light" had here assumed new forms, much more economical and simple, but concealing countless refined calculations and details. It is in this timeless tenaciousness that one finds Svoboda's true importance and originality, which rank him among the most interesting photographers of high Modernism and the attempts to surmount it.[16]

Notes

1 Anna Fárová, *Jan Svoboda: Fotografie* (exh. cat.), Prague: Galerie na Karlově náměstí, 1968.

2 Antonín Dufek and Jana Teplá, *Jan Svoboda*, Brno: Moravská galerie v Brně, 1994, p. 3.

3 Considering the connection with the history of painting and literature, it would be fair to make a loose comparison between Svoboda's purely constructive approach to photography and, for example, Jeff Wall's. Though he tended a decade later to focus more on *tableaux vivant* than *nature morte*, Wall, in his *Diagonal Composition* series (1993–2000), is almost "Svobodaesque."

4 Jaroslav Anděl, "Jan Svoboda – výstavní retrospektivy," *Revue fotografie* XIX (1975), no. 3, p. 74.

5 Thanks also to his second wife, Anna, Svoboda was inspired by Functionalism and Eastern culture from the mid-1960s onwards.

6 The format of Svoboda's photos is partly derived from the mounting of posters in showcases, which was frequently part of Svoboda's job. (I thank Jan Mlčoch for pointing out this biographical link.) With some exaggeration we might call Svoboda's mountings the forerunners of the now trendy Diasec mounts.

7 Petr Balajka, *Jan Svoboda*, Prague: Odeon, 1991, p. 11.

8 Of an unclear date, but probably somewhat earlier, is the unnamed photograph of a wall with his own photograph and an electric plug, allegedly shown at his first exhibition, in 1968.

9 This question was considered more closely by the philosopher Petr Rezek in his talk "A Photograph of a Photograph (Fotografie fotografie), given at Svoboda's exhibition in the Josef Sudek Studio, on 28 May 2006. The term "linguistic turn," originally from philosophy and linguistics, denotes the exploration of the possibilities and limitations of language itself, and in the figurative sense also of the language of an art genre, that is, a topic of high and late Modernism. This substantial turnaround assigns Svoboda an important place in the history of the self-reflection of the photographic image, next to artists like William Anastasi, Hans-Peter Feldmann, or Sigmar Polke.

10 A strong influence on Svoboda at this stage of his work was most likely his artist friend Stanislav Kolíbal, who was concerned with questions of compositional section and harmony in parallel. Svoboda dedicated one of his "compositional" photographs to Kolíbal. The question of just how mutual this influence was merits further research.

11 Two articles consider Svoboda's tables in greater depth: one, written for an exhibition that was meant to be held in Kolín in 1979, is Josef Kroutvor, "Něha a krutost Jana Svobody," in Josef Kroutvor, *Suterény, vybrané kritické texty 1969–2000*, (1983) Jinočany: H&H, 2001, pp. 163–67; the other is the article, abridged by the editors, Jan Kříž, "Stůl ve fotografiích Jana Svobody," *Revue fotografie* XXII (1978), no. 1, pp. 21–24.

12 Svoboda's attitude to Sudek would provide enough material for a long essay. Apart from admiration and inspiration, it would, however, include rivalry and a gradual growing apart. Evidence of this is the alleged irony and the exaggerated, fictitious numbering of the *Photographs for Josef Sudek* series, as Anna Svobodová once pointed out.

13 Petr Balajka, "Jan Svoboda – rozhovor k pětapadesátinám autora," *Revue fotografie* XXXIII (1989), no. 3, p. 28.

14 For the current short publication we shall have to make due with a simplified story, which conceals many other digressions and essential details and connections. Perhaps one day they will be supplemented by a larger publication based on more thorough research on Svoboda's works and papers.

15 Liba Taylor, an untitled interview with Jan Svoboda, *British Journal of Photography* 129, 18 June 1982, no. 25/6359.

16 With his approach to redefining the photography, Svoboda holds an utterly unique place in the history of the medium. His extreme individualism and stubbornness, not to mention the geo-political conditions in which he lived and worked, did not allow him to make his mark internationally. The extent to which he was ahead of his time is demonstrated also by the exhibitions of today's self-reflexive photography (for example, "Photography on Photography: Reflections on the Medium since 1960," The Metropolitan Museum of Art, 2008, "Anti-Photography," Focal Point Gallery, Southend-on-Sea, Essex, and the Beecroft Art Gallery, Westcliff-on-Sea, Essex, 2011, and "The Anxiety of Photography," Aspen Art Museum, Aspen, 2011. Artists like Christopher Williams, Liz Deschenes, James Welling, Miriam Böhm, Brendan Fowler, and Leslie Hewitt have now touched upon Svoboda's topics, several decades later.

Jan Svoboda, vyzyvatel fotografie

Na cestách mých kroků ležely stíny z oblaků staletí
na cestách mých zraků obrazy vzdušné, odražené z nekonečna
Otokar Březina, Svítání na západě

Snění je taky práce.
Jan Svoboda

Svým celoživotním dílem vytvořil Jan Svoboda cíleně obrazový labyrint, zobrazující jak zašifrované symboly jeho vlastního života, tak i úryvky jeho úvah o možnostech fotografie a zobrazování, o zkušenosti a o existenci vůbec. Tento mnohovrstevný labyrint tak můžeme číst mnoha způsoby; jako jednotlivosti určené k meditaci, proměňující se v jemných cyklických variacích, ale také jako vzrušující příběh souboje troufale cílevědomého umělce se zdánlivě nevinným médiem fotografie. Svobodův totální, často sebezničující maximalismus, ale zároveň bohémský přístup k životu a odpor k autoritám, ho dovedly k nekompromisnímu zúčtování s dobovou fotografií (ke které se sám vždy tvrdošíjně odmítal počítat) a pomohl mu vytvořit zcela vlastní podobu „fotografie“, ojediněle a radikálně přehodnocující dosavadní vývoj fotografie jako umění.

Fotografující básník (1957–1963)

Jan Svoboda se narodil v Bohuňovicích u Olomouce roku 1934 a jistou hanáckou hrdost a úctu k tradicím si podržel po celý svůj život. Náročnost, která pojímá umění jako závazný úděl, vyvěrala částečně ze Svobodova rodiště, které pro něj představovalo celoživotní východisko, ale také ztracený ráj, často se teskně ozývající v obřadně prostých námětech jeho fotografií. Důležitou roli pro něj hrála nejen zkušenost chudoby, ale i kruté zážitky z konce války (včetně vlastního vážného zranění) a spletitá a tajuplná rodinná historie.

„V době studií píše básně, čte. V knihovně sousedí Volné směry, Teigovy spisy, Šalda, Březina, Hlaváček, Nezval, Eluard, Breton, časopis Minotaure s reprodukcemi Arpa a Picassa vedle Man Raye, Brassaïe, Štyrského,“ popisuje Anna Fárová výstižnou zkratkou Svobodovo umělecké dospívání v jeho prvním samostatném katalogu.[1] Neméně podstatné pro něj bylo seznámení s dalšími zakladateli světového

i českého moderního malířství, především s Cézannem, Braquem, Kubištou a Špálou. Svoboda tak sdílel situaci svých uměleckých vrstevníků, kteří v komunistickém Československu konce padesátých let museli znovu a téměř od nuly navazovat na modernistickou tradici. Je důležité zdůraznit, že Svoboda tak od počátku staví nikoliv na fotografické, nýbrž na *malířské* tradici, z níž postupně a plánovitě přejímá mnohé kompoziční i tonální principy.

Stejně důležité jako malířské jsou pro něj i výše zmiňované literární vzory, které ho inspirovaly při jeho vlastních poetických pokusech; fotografie mu podle jeho vlastních slov zpočátku sloužila především jako nástroj k jejich ilustraci. Vedle počátečních konstruktivistických zátiší a symbolistních kompozicí vytváří Svoboda první rozsáhlejší cyklus *Pohled na plynárnu* (1957–58). Zachycuje zde svoje sžívání s pražskou periferií, kde se prolíná venkov a průmyslový rozvoj, v odtažitě melancholickém stylu, který se naprosto míjí s dobovým humanistickým kánonem, ale vyhýbá se i poetizující romantizaci. V roce 1958 objevuje Svoboda na výstavě v Alšově síni dílo Josefa Sudka. Setkání s o mnoho let starším autorem, který chápal fotografii v mnoha ohledech podobně, muselo být pro Svobodu zjevením a povzbuzením. Sudek se tak stal pro Svobodu celoživotní láskou a vzorem; ačkoli můžeme najít v jejich tvorbě nespočetné spojitosti ve formě námětů či práce ze světlem, Svoboda se Sudkem inspiroval mnohem obecněji, tedy především hloubkou a intenzitou, kterých může fotografie dosahovat, aby sám záhy vykročil na vlastní cestu.

Poeticky existenciální podtext má většina Svobodových raných fotografií, kterým často propůjčoval za názvy útržky vlastních veršů. Cyklus *Kameny* nese osudově znějící symbolistní podtituly, spirituální názvuky vykazuje i mnoho dalších názvů (*Fuchsie: Zvěstování*, *Přízrak II. Anděl*, *Obraz, který se nevrátí*, *Jsou vzpomínky vzpomínek* a další), dodávajících fotografiím druhý, literární plán. Jak k této etapě poznamenal Antonín Dufek, Svoboda zde *„prolíná existencialismus s abstraktním expresionismem (informelem).“*[2] Jeden z nejkrajnějších příkladů tohoto „informelního“ přístupu představuje *Poraněná zeď* (1963), kde se však fotografický obraz při zobrazení nalezených struktur již neupíná k asociacím (jak bylo v té době běžné u post-surrealistické fotografie), ale je čistě a prostě abstraktní, zároveň však zcela realistický a přitom efemérně snový.

Výše zmíněná literárnost provází Svobodu celoživotně i v práci s náměty. Jeho fotografie nejsou fotografickými postřehy, ale pečlivě budovanými konstelacemi, v nichž podobně jako v poezii mohou jednotlivé elementy představovat symboly či přímo ideje, nesoucí obecnější významy. Prosté konstanty – kámen, jablko, stůl, okno i sama struktura zdi či povrchu – zde představují elementární jednotky životní zkušenosti, které se mohou ve vzájemných prostorových a světelných vztazích propojovat do tajuplných příběhů. Svoboda se snažil konstruovat každou jednotlivou fotografii (ale i svůj vlastní fotografický styl) jako celek, od základů a naprosto plánovaně, stejně jako malbu či sochu, v příkrém rozporu s dobovou fotografickou praxí.[3] K tomu patří důkladné zkoumání jak tonálních, tak i adjustačních možností fotografie. Jak poznamenal v reakci na Svobodovu brněnskou retrospektivu Jaroslav Anděl, *„valér pochopený jako základní stavební prvek obrazového prostoru představuje nejpodstatnější rys celé Svobodovy tvorby."*[4] Celoživotním vzorem mu v tomto ohledu byl Paul Cézanne se svou teorií *modulace* barevných skvrn. Svoboda tak podobně rozvrhoval svoje díla i z hlediska tonality, pomocí tehdy až šokující redukce škál šedi. Každá jeho zvětšenina je tedy svébytným originálem, jen těžko dokonale reprodukovatelným.

Ikonickou roli ve Svobodově rané tvorbě hraje fotografie nazvaná příznačně *Melancholie* (1963). Prosté existenciálně pojaté zátiší s mušlí, s tonalitou příkladně ztmavenou na samotnou hranici čitelnosti, odhalující však při bližším pohledu hlubokou strukturu povrchů, vtahuje diváka až magicky do iluzivního prostoru. *Melancholie* byla jednou ze čtyř fotografií, kterými se Svoboda prezentoval na poslední výstavě skupiny Máj v roce 1964, kam byl o rok dříve přijat. Souputnictví s umělci kolem skupiny Máj (nejblíže měl především ke Zdeňku Palcrovi, Stanislavu Podhrázskému, Zbyňku Sekalovi a Robertu Piesenovi) přineslo Svobodovi jak novou inspiraci, tak i pocit stavovské sounáležitosti.

Od struktury k prázdnotě (1964–1968)

Jako výjimečné intermezzo, předznamenávající počátek nové etapy Svobodova života i díla, můžeme chápat ojedinělou sérii aktů *Triptych. Vlna, Krajina, Zátoka* (1964), zpracovaných na samé hranici lyrizující abstrakce v minimálním zrnitém výřezu z kinofilmového políčka. I v této zdánlivě marginální odbočce se ukazuje Svobodova svébytnost, ostře kontrastující s tuctovým pojetím tehdy populárního tématu a něžně vyjadřující milostné okouzlení.[5]

Dlouhodobá práce na cyklu *Pojednání o plastice* pro nevydanou, teoreticky laděnou knihu sochaře Miloslava Chlupáče byla pro Svobodu zbytečná jen zdánlivě: naprostá volnost ve výběru námětů mu umožnila důkladný průzkum

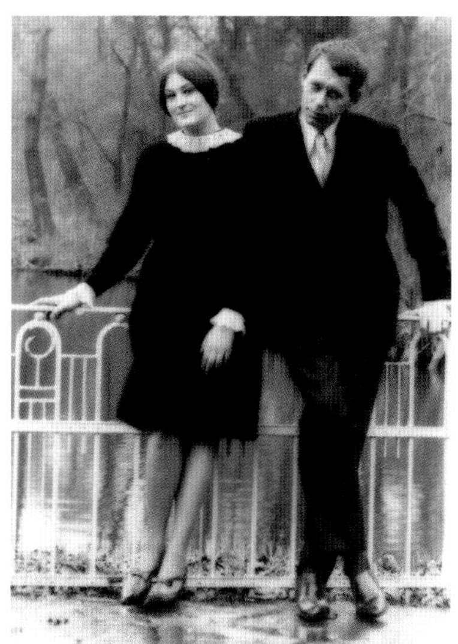

Wedding photo of Jan and Anna Svoboda / Svatební fotografie Jana a Anny Svobodových, 1965

plasticity, možností jejího fotografického znázornění a hlubší pochopení vztahu dvojrozměrného a trojrozměrného zobrazení, struktury a modelace. Surrealistická estetika a radikální tonalita se tak pomalu vytrácejí a Svoboda se začíná opájet prostým, minimálním verismem, ovšem vždy nutně fotograficky rafinovaným. Jednou z nejpříznačnějších fotografií tohoto období je *Povrch* (1967), zobrazující jen abstraktní dvojrozměrnou strukturu rozrušeného povrchu, rozverně doplněnou o stínem zdůrazněný chomáč pavučiny. Významný přelom přestavuje fotografie *S přílivem modravým* (1968) (název opět cituje vlastní juvenilní báseň), Svobodova první fotografie bez konkrétního námětu, zachycující jen samotné světlo promítající se na prázdné zdi. Světlo jako základní element fotografického procesu, ale i jako nutná podmínka poznání, má pro Svobodu i sakrální podtexty, vyvěrající z jeho romantických a symbolických kořenů.

K autonomní podstatě Svobodových děl nedělitelně patří i rafinovaně konstruovaná adjustace fotografií, která je minimalizována na samotný obraz bez rámu či okrajů, nalepený na tvrdém podkladu a odsazený od zdi kovovým závěsným rámem.[6] Svoboda tak maximalizuje autonomii fotografického obrazu, jeho jakkoliv přeludnou fyzičnost, z obvykle rámované či paspartované fotografie se tak stává v podstatě dvojrozměrná socha. Stejně radikální je i občasné signování či datování fotografií přímo na jejich líci (dle vzoru malířských kolegů), často rafinovaně uzavírající kompozici. V návaznosti na své malířské vzory Svoboda také stanovoval pro každou fotografii jedinečnou velikost výsledného ideálního pozitivu. Zbavil tak fotografii radikálním způsobem jejích zásadních vlastností:

multiplikovatelnosti a reprodukovatelnosti, aby ji vrátil do oblasti na pomezí fotografie a malby, vracející se částečně zpět k piktorialismu, ale přitom technicky definované zcela fotograficky. Jak prozíravě poznamenal Petr Balajka, Svoboda vlastně dokázal vrátit fotografii benjaminovskou „auru" jedinečnosti a sakrálnosti.[7]

První Svobodova samostatná výstava v Galerii na Karlově náměstí v roce 1968, připravená Annou Fárovou a neotřele nainstalovaná Stanislavem Kolíbalem, přinesla Janu Svobodovi nejen zaslouženou pozornost, ale i nové sebevědomí a důvěru ve vlastní směřování. Odvážil se tedy dále domýšlet a projasňovat to, co doposud jen naznačoval. Během následujících několika let tak vznikají díla, která završují jeho dosavadní tvorbu zcela radikálním způsobem.

Fotografie fotografie (1969–1972)

Zlomovou roli ve vývoji Svobodovy tvorby hraje zřejmě první přímá obrazová citace vlastního díla, ironicky zkoumavá *Druhá strana fotografie* (1969).[8] Zdánlivě nenápadný, ale přitom zcela zásadní obrat zde spočívá v tom, že se od této chvíle pro Svobodu médium fotografie stává nikoli jen prostředkem, nýbrž i přímým a výslovným námětem tvorby. Pokud Svoboda doposud nalézal nové, radikální možnosti fotografického znázornění, začíná ho zajímat sama podstata „fotografie", kterou se snaží ozřejmit a popsat, aby s ní záhy začal polemizovat. Tato obrazová analýza, vycházející z apropriace vlastních děl, vede postupně i k emotivní sebeanalýze, přerůstající postupně k destrukci, ovšem povětšinou přísně kontrolované. V tomto „obratu

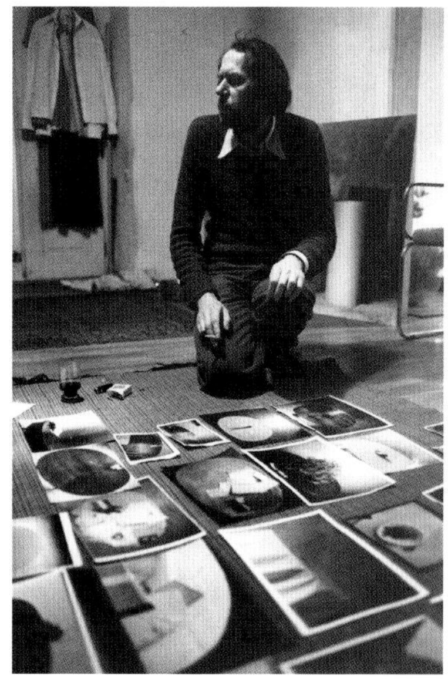

Jan Svoboda looking at the Tables *series, 1970s / Jan Svoboda nad cyklem Stolů, 70. léta. Photo: Květoslav Přibyl*

k jazyku“ vrcholí Svobodův boj s fotografickým obrazem, heroicky radikální a hrdě sebezničující.[9]

Ačkoli kompozice byla pro Svobodu podstatnou součástí tvorby již od počátků, na přelomu šedesátých a sedmdesátých let se jí v souvislosti s cílenějším rozborem podmínek fotografie začíná věnovat jako výslovnému tématu. Analyticky pojmenované cykly *Polovina*, *Pokus o ideální proporci* a *Pokus o vyjádření prostoru* jsou založeny na pulzování dvojrozměrnosti a trojrozměrnosti, iluze a skutečnosti, které se navzájem prolínají. Přestává zde být často důležitý námět a zůstává jen prázdnota v dokonalé kompozici, krutě řezané na hraně dekonstrukce, v níž vzájemně oscilují prostor a plocha jako napnutá blána, jejímž drobným narušením lze dosáhnout imploze či exploze.[10]

Zatímco cyklus počínající snímkem *Okno I* (1963) je zřetelně inspirován Sudkem a jeho magickými studiemi skla a světla, volně navazující cyklus *Pohled z okna*, vznikající od roku 1970, je již pojat naprosto velkoryse, jako přímé pojednání vztahu interiéru a exteriéru, střetu touhy po přírodě a vězení vlastního bytu, uzavřenosti a nekonečna. Okno zde můžeme přeneseně chápat i jako metaforu fotografie, zobrazující vždy jen omezený výsek skutečnosti, která je ve skutečnosti nedostupná a nepopsatelná. Svébytnou kapitolu pak tvoří rozsáhlá série *Stoly* (od roku 1970).[11] Vedle dvaapadesáti Stolů existují i menší série Polovina stolu, Čtvrtina stolu a Fragment stolu, opět zkoumající zákony kompozice, ale zároveň propůjčující jedinému stolu nespočet rolí v různých kompozicích, často perspektivně či atmosférou zcela radikálních, někdy ozvláštněných absurdně existenciálním divadelním aranžmá.

V cyklu *Předobrazy* se pak Svoboda výslovně zabývá vlastním dílem a jeho reflexí a interpretací. Fotografie vlastních fotografií opřených o zeď či položených na stole nebo prázdných skel k napínání fotografií se zbytky lepicí pásky jsou vlastně nevyslovenou otázkou po smyslu sebe sama a vlastního díla, jeho ideového vývoje i materiální kumulace. Tento trýznivě sebezpytující přístup náhle krutě radikalizuje snímek, který se poprvé objevil na autorově P. F. pro rok 1973 (*Obraz, který se nevrátí XXXV*, 1972): znázorňuje roztrhané fotografie poházené na linoleu, ovšem opět ve svobodovsky dokonalé kompozici. Několik dalších fotografií, které dále reflektují destrukci vlastních děl, tak představuje nejzazší mez Svobodova boje s nepoddajným médiem fotografie i se sebou samým. Obraz je pokořen jeho zničením, aby byl záhy nato opět zobrazen.

Vzpomínky na fotografie (1973–1987)

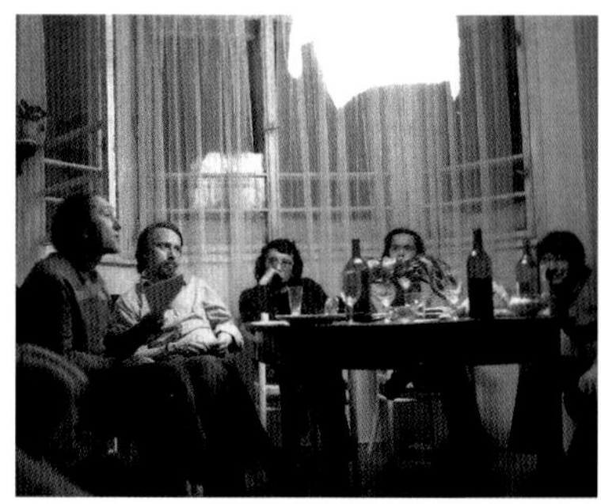

A private seminar on Jan Svoboda and Zdeněk Palcr's exhibition (from left to right: Stanislav Kolíbal, Petr Rezek, Jiří Ševčík, Karel Srp, and Jaroslav Anděl) / Bytový seminář k výstavě Jana Svobody a Zdeňka Palcra (zleva Stanislav Kolíbal, Petr Rezek, Jiří Ševčík, Karel Srp, Jaroslav Anděl), 1979. Photo: Jiří Poláček

V roce 1971 nastupuje Jan Svoboda díky Anně Fárové a Jiřímu Šetlíkovi jako fotograf do Uměleckoprůmyslového muzea. Navzdory vstupu do inspirativního prostředí a možnostem zajímavější práce dospívá k rozhodnutí omezit svou vlastní tvorbu. Výstava v Domě pánů z Kunštátu v roce 1975, připravená Antonínem Dufkem, se tak stává retrospektivou, uzavírající Svobodovo dílo v okamžiku kulminace. Vzrůstající autorovy zdravotní i existenční problémy a také rostoucí pocit zneuznání jej vedou k uzavírání se do sebe. V roce 1983 Svoboda opouští zaměstnání v Uměleckoprůmyslovém muzeu. Jako zdvořilé rozloučení ze strany instituce lze chápat výstavu *Komparace I. Fotografie Josefa Sudka a Jana Svobody* v Roudnici nad Labem (připravenou kurátorem UPM Zdeňkem Kirschnerem), která Svobodovi veřejně přiřkla roli Sudkova nástupce, avšak bez dalších poct a výhod.[12] Stejně tak bez větší odezvy zůstala dvojice výstav v prestižních galeriích v Londýně a v Oxfordu, jichž bylo Svobodovi zapovězeno účastnit se osobně.

Od poloviny sedmdesátých let se ve Svobodově tvorbě ještě častěji a výslovněji objevují odkazy k samotnému procesu vzniku fotografie: *Negativy* (1982), *Zátiší s fotografickými kazetami* (1983), *Na stole / Zátiší s Agfou* (1983). Další skupinu fotografií tvoří posmutnělé temné snímky košířského bytu, který se stal Svobodovi útočištěm i vězením zároveň: monstrózní *Noc* (1975) či světlo a naději vyzývající *Rozednívání* (1976) a *Když vyšlo slunce* (1984). Svou poslední výstavu v síni Fotochema v roce 1987 Svoboda překvapivě sestavil jen ze svých nejranějších a nejnovějších děl, kromě stále efemérnějších a melancholičtějších zátiší a studií světla zde představuje i rekapitulační fotografii *Nalezené zátiší. Autoportrét* (1985). Tu lze chápat jako zamyšlení nad vlastním životem, balancující mezi omezenou slávou a hořkostí, která citací rodinných i autorských fotografií, nahromaděných do jednoho iluzivně splývajícího prostorového plánu, uzavírá běh autorovy tvorby i života. Krutou ironií osudu umírá Jan Svoboda náhle a nečekaně právě v okamžiku, kdyby by jeho tvorba mohla být konečně doceněna, jen několik týdnů po pádu železné opony.

Tradicionalistický revolucionář

V průběhu pouhých dvaceti let od počátku své tvorby Jan Svoboda jako by opsal a předběhl celou vývojovou linii (či snad kruh) moderní fotografie. Od prostého mimetického zobrazení přes řešení otázky barvy, plochy a kompozice se předčasně dopracoval až k postmodernímu popření fotografické tradice. Svobodovo dílo je originální i v tom, jak zároveň sveřepě lpí na vlastní mimočasovosti a nezávislosti. Na jedné straně se Svoboda pokusil završit emancipaci moderního fotografického obrazu, na straně druhé se vlastním způsobem vracel k piktorialismu. Ačkoli byl Svoboda někdy trochu nešťastně označován za minimalistu, oproti abstrahovaným a nehmotným konceptuálním formám, které se začaly uplatňovat během šedesátých a sedmdesátých let a které v českém umění zblízka vnímal, se vydal vlastní cestou, stále lpící na artefaktu, jakkoli dotaženém na hranice únosnosti. *„Podle mého soudu platí v umění zásada, že méně bývá více, ale to snad ještě neznamená, že jsem, jak někteří tvrdí, minimalista. Považuji se za realistu a romantika – a to se přece spolu nevylučuje,“* prohlásil Svoboda ve svém posledním rozhovoru.[13] Symbolika a melancholie Svobodových prací jej někdy zavedla k až sebelítostivé lyričnosti, kterou můžeme plně pochopit teprve po hlubším zkoumání celého korpusu jeho díla.[14] Neustálý vnitřní boj tradičnosti a revolty, prostoty a rafinovanosti, procítěnosti a precizního uvažování, to vše činí ze Svobodova díla dodnes inspirující doklad osamoceného a zcela ojedinělého uměleckého vzepětí.

„Nemám žádný program, to je na tom tak strašné. Vracím se k některým starším věcem, k některým negativům, které ještě mám. Mám ve zvyku je ničit, abych zachoval originálnost fotografií. A někdy se rozzuřím, že fotografie je pitomá, a negativy roztrhám. Někdy jsem úplný blázen,“ postěžoval si Jan Svoboda (dost možná s hořkým sebeuspokojením) v roce 1982 v rozhovoru s Libou Taylor.[15] Svůj program si přitom stanovil

sám – bylo jím hledání možností autonomie fotografického obrazu. V českém prostředí, postrádajícím hlubší teoretickou reflexi moderního fotografického obrazu, se Jan Svoboda stal jakýmsi věrozvěstem nejen ojedinělého výrazu, ale i samotného myšlení o fotografii. Jeho práce tak v sobě skrývá jak estetické, tak teoretické objevy; Svoboda byl zčásti tichým teoretikem, oscilujícím mezi něhou a racionalitou, mezi naznačením a vysvětlením, mezi láskou a konstrukcí, aniž by opustil jedno či druhé. Jeho dílo můžeme v celku chápat jako pokus o novou, očištěnou syntézu fotografické a malířské tradice, která by zachovala v rovnováze oba proudy: onen prastarý paradoxní výraz „kreslit světlem“ jako by zde nabýval nových podob, mnohem úspornějších a jednodušších, avšak skrývajících nespočet rafinovaných propočtů a detailů. Právě v této zarputilé a nadčasové svéhlavosti lze nalézt skutečný Svobodův význam a originalitu, řadící ho k nejzajímavějším fotografickým příkladům vrcholného modernismu a pokusů o jeho překonání.[16]

Poznámky

1 Fárová, Anna: *Jan Svoboda: Fotografie* (katalog výstavy), Praha, Galerie na Karlově náměstí 1968.

2 Dufek, Antonín & Teplá, Jana: *Jan Svoboda*, Brno, Moravská galerie v Brně 1994, s. 3.

3 Svobodův ryze konstruktivní přístup k fotografii bychom z hlediska spjatosti s dějinami malby a literatury mohli volně přirovnat například k Jeffu Wallovi, který se však o dekádu později zaměřoval spíše na „tableaux vivant“ než „nature morte“, nicméně takřka „svobodovský“ je jeho cyklus *Diagonal Composition* (1993–2000).

4 Anděl, Jaroslav: Jan Svoboda – výstavní retrospektivy, *Revue fotografie* XIX, 1975, č. 3, s. 74.

5 Také zásluhou své druhé manželky Anny se Svoboda od poloviny šedesátých let inspiruje funkcionalismem a východní kulturou.

6 Formát Svobodových obrazů je částečně odvozen z adjustování fotografií do reklamních výloh, které bylo jeho častou pracovní náplní (za připomenutí této biografické souvislosti patří díky Janu Mlčochovi). S trochou nadsázky můžeme Svobodovy adjustace označit za předchůdce dnes módních diaseců.

7 Balajka, Petr: *Jan Svoboda*, Praha, Odeon 1991, s. 11.

8 Neurčitě datovatelná, ale zřejmě o něco ranější je nepojmenovaná fotografie zdi s vlastní fotografií a elektrickou zástrčkou, vystavená údajně již na první výstavě v roce 1968.

9 Blíže se této problematice věnoval Petr Rezek v přednášce „Fotografie fotografie“, pronesené během Svobodovy výstavy v Ateliéru Josefa Sudka 28. 5. 2006. Termín „obrat k jazyku“ (v angličtině „linguistic turn“), původně pocházející z filosofie a lingvistiky, označuje zkoumání možností samotného jazyka, v přeneseném smyslu pak i jazyka uměleckého žánru, tedy téma

vrcholného a doznívajícího modernismu. Tento podstatný obrat vytyčuje Svobodovi významné místo v dějinách sebereflexe fotografického obrazu, vedle jmen jako William Anastasi, Hans-Peter Feldmann, Sigmar Polke a dalších.

10 Silný vliv měl na Svobodu s největší pravděpodobností v této etapě tvorby jeho přítel Stanislav Kolíbal, který se otázkami kompozičních řezů a harmonie zabýval paralelně a kterému Svoboda věnoval jednu ze svých „kompozičních" fotografií. Otázka vzájemnosti tohoto vlivu by si vyžádala důkladnější bádání.

11 Podrobněji se Svobodovými stoly zabývají dva texty: Kroutvour, Josef: Něha a krutost Jana Svobody, text k neuskutečněné výstavě v Kolíně, strojopis, 1979 (in: Kroutvor, Josef: *Suterény, vybrané kritické texty 1969–1983*, samizdat, Praha 1983, s. 108–111 / in: Kroutvor, Josef: *Suterény, vybrané kritické texty 1969–2000*, Jinočany, H & H 2001, s. 163–167) a Kříž, Jan: Stůl ve fotografiích Jana Svobody, *Revue fotografie* XXII, 1978, č. 1, s. 21–24 (uveřejněna jen redakčně zkrácená verze).

12 Vztah Svobody k Sudkovi by vydal na rozsáhlou studii, zahrnoval však kromě obdivu a inspirace i rivalitu a postupnou distanci. Svědčí o tom i údajně ironický podtext a nadsazené fiktivní číslování cyklu Fotografií pro Josefa Sudka (dle ústního svědectví Anny Svobodové).

13 Balajka, Petr: Jan Svoboda – rozhovor k pětapadesátinám autora, *Revue fotografie* XXXIII, 1989, č. 3, s. 28.

14 Pro tuto stručnou publikaci si musíme vystačit s jednoduchým redukovaným příběhem, skrývajícím mnohé další odbočky a podstatné detaily a souvislosti, které snad časem doplní obsáhlejší publikace, vycházející z hlubšího průzkumu Svobodova díla a pozůstalosti.

15 Taylor, Liba: rozhovor s Janem Svobodou, *British Journal of Photography* 129, 18. 6. 1982, č. 25/6359.

16 Svoboda svým přístupem k redefinování fotografie zaujímá v jejích dějinách zcela výjimečné místo, jeho vypjatý individualismus a zarputilost (nehledě na geopolitické podmínky, v nichž žil a tvořil) mu nicméně nedovolily prosadit se mezinárodně. Do jaké míry Svoboda předběhl vlastní dobu, ukazují i výstavy současné sebereflexivní fotografie (například *Photography on Photography, Reflections on the Medium since 1960*, New York, The Metropolitan Museum of Art 2008, *Anti-Photography*, Focal Point Gallery, Southend-on-Sea a The Beecroft Art Gallery, Westcliff-on-Sea 2011, *The Anxiety of Photography*, Aspen, Aspen Art Museum 2011). Autoři jako Christopher Williams, Liz Deschenes, James Welling, Miriam Böhm, Brendan Fowler či Leslie Hewitt se Svobodových témat znovu dotýkají o několik desetiletí později.

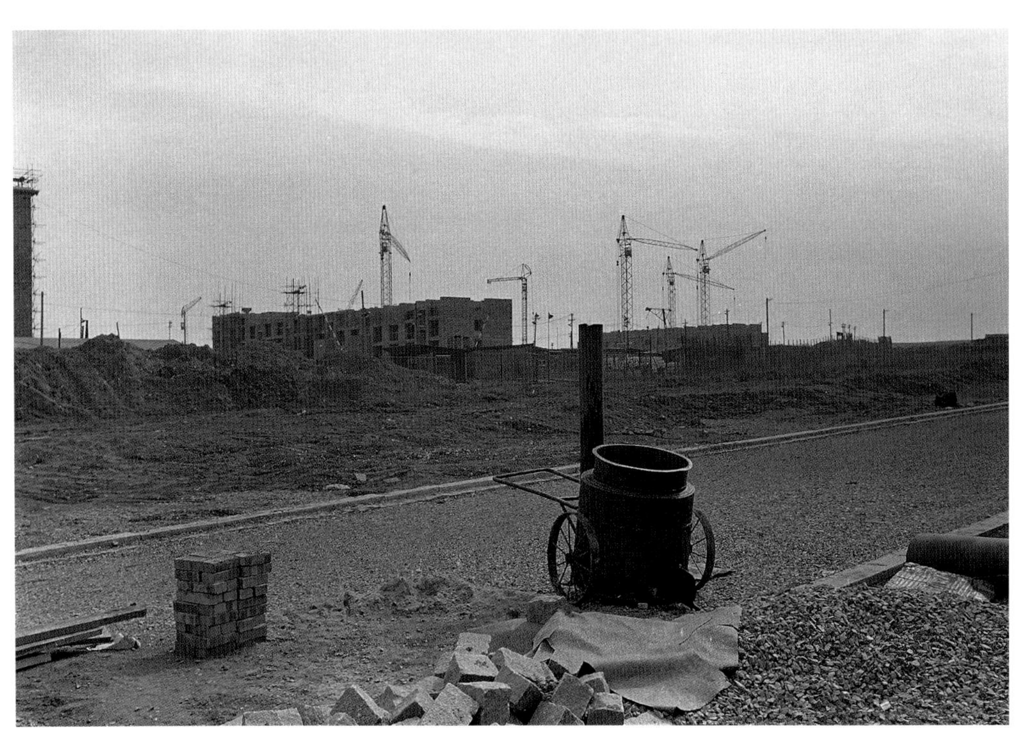

1 **View of the Gasworks / Pohled na plynárnu** 1957–58

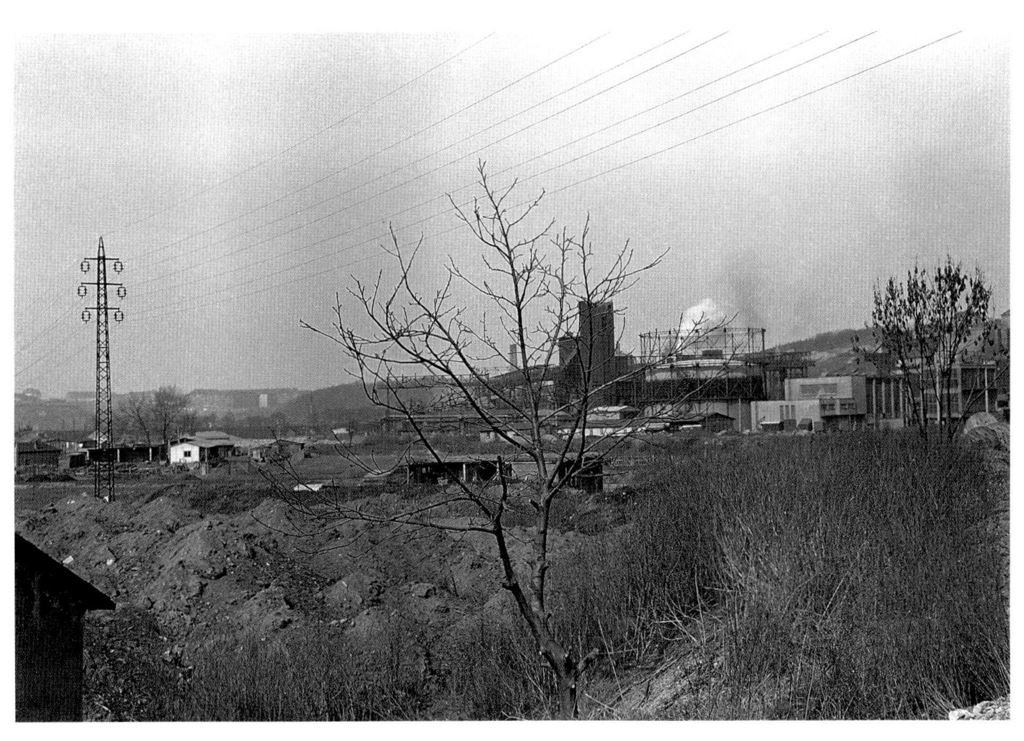

2 **View of the Gasworks / Pohled na plynárnu** 1957–58

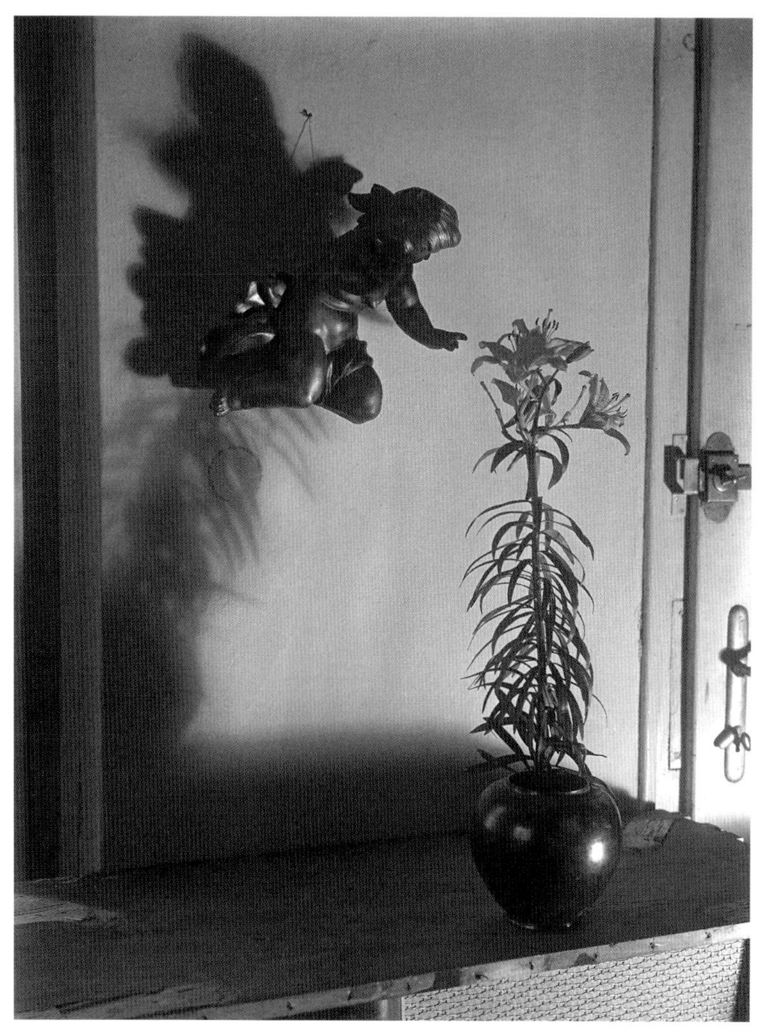

3 **Annunciation / Zvěstování** 1958

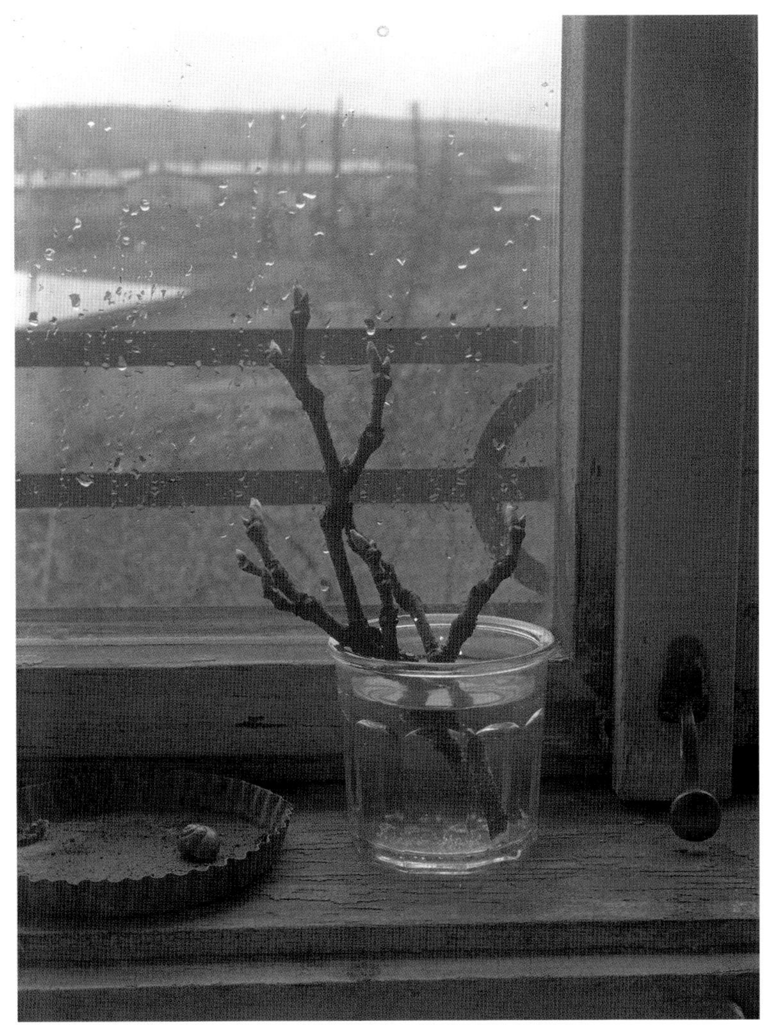

4 **Untitled / Bez názvu** *c.* 1958

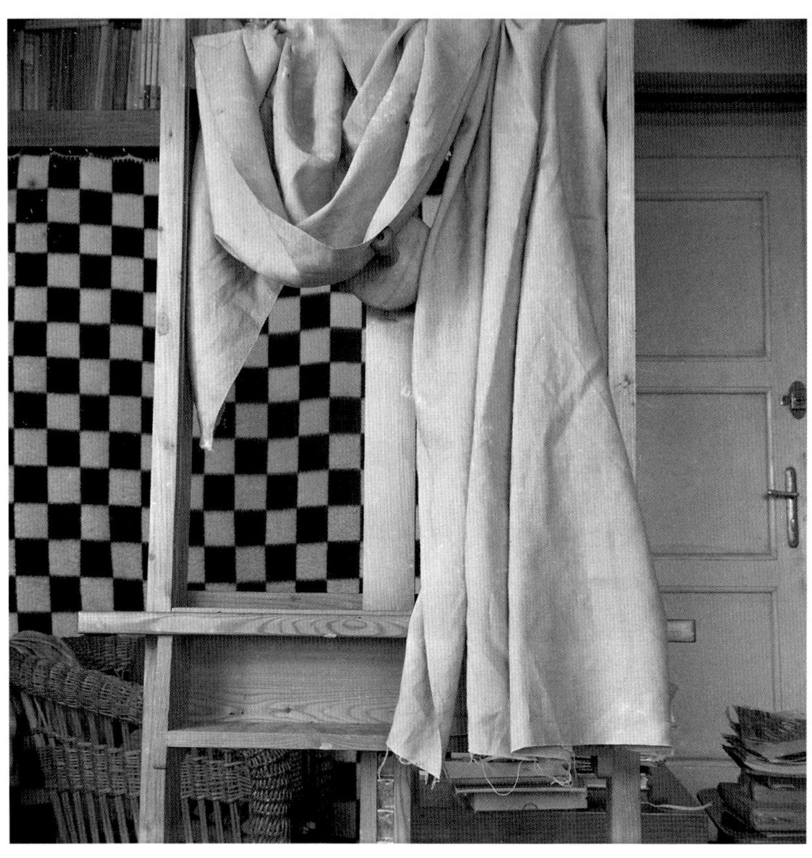

5 **Untitled / Bez názvu** 1959

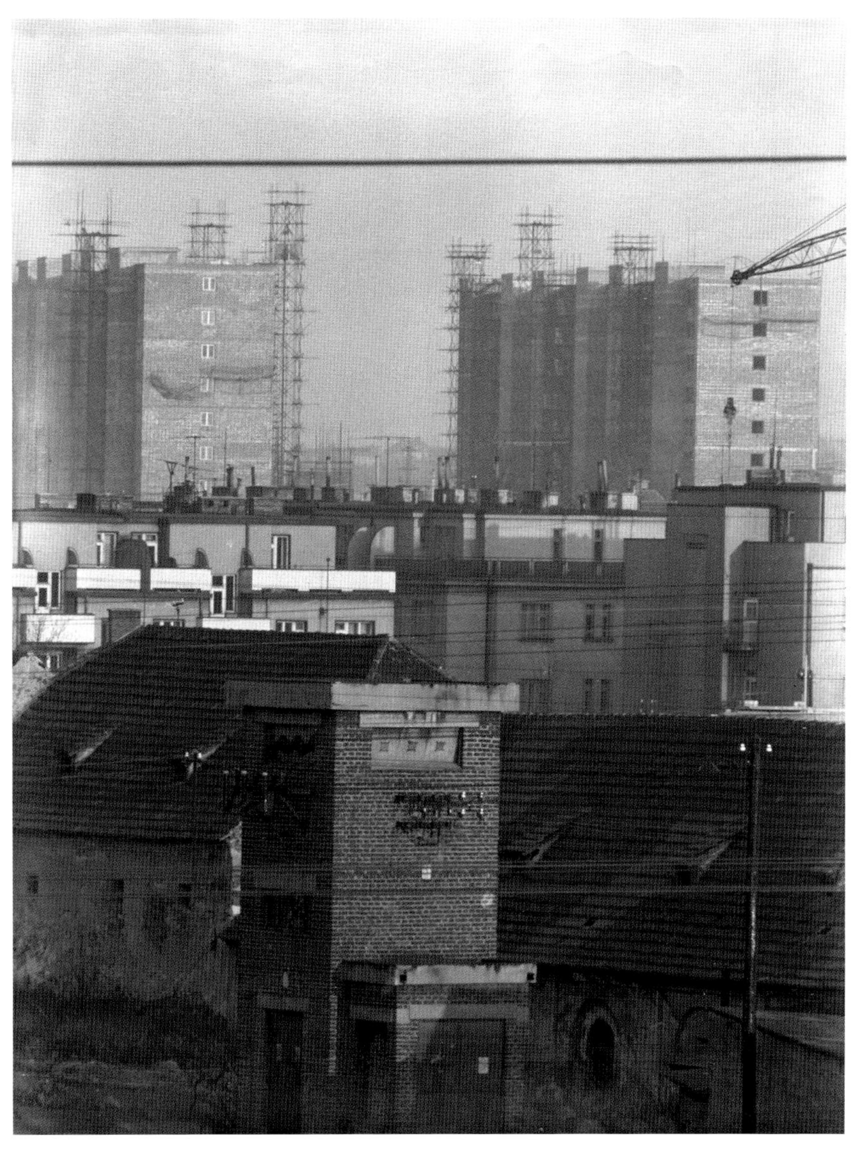

6 **Transformer at Spořilov / Transformátor na Spořilově** *c.* 1959

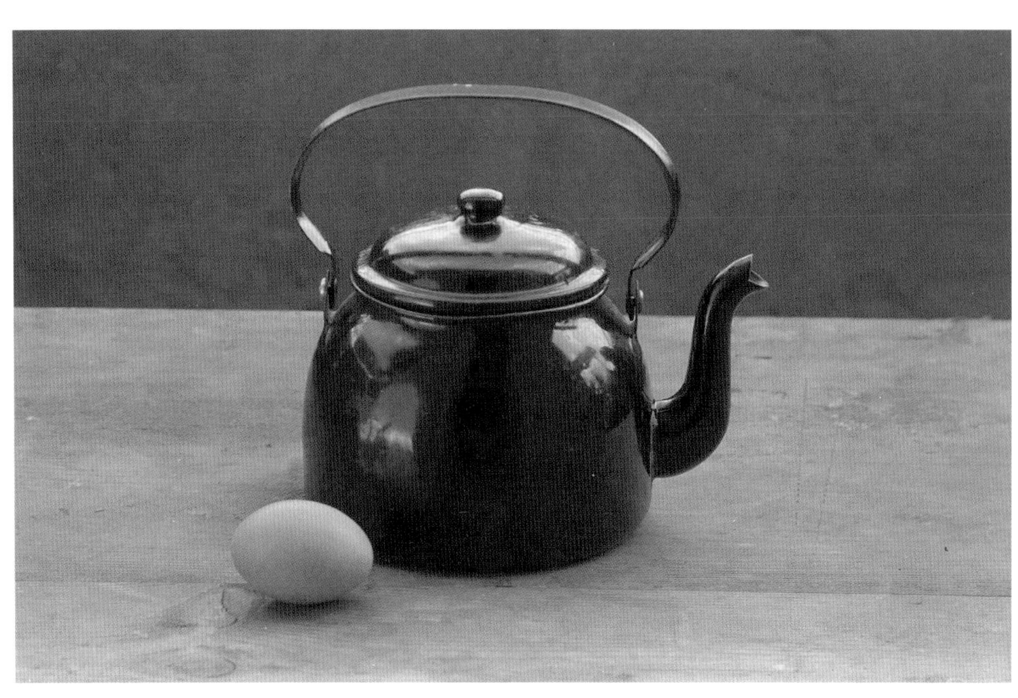

7 **Study / Studie** *c.* 1960

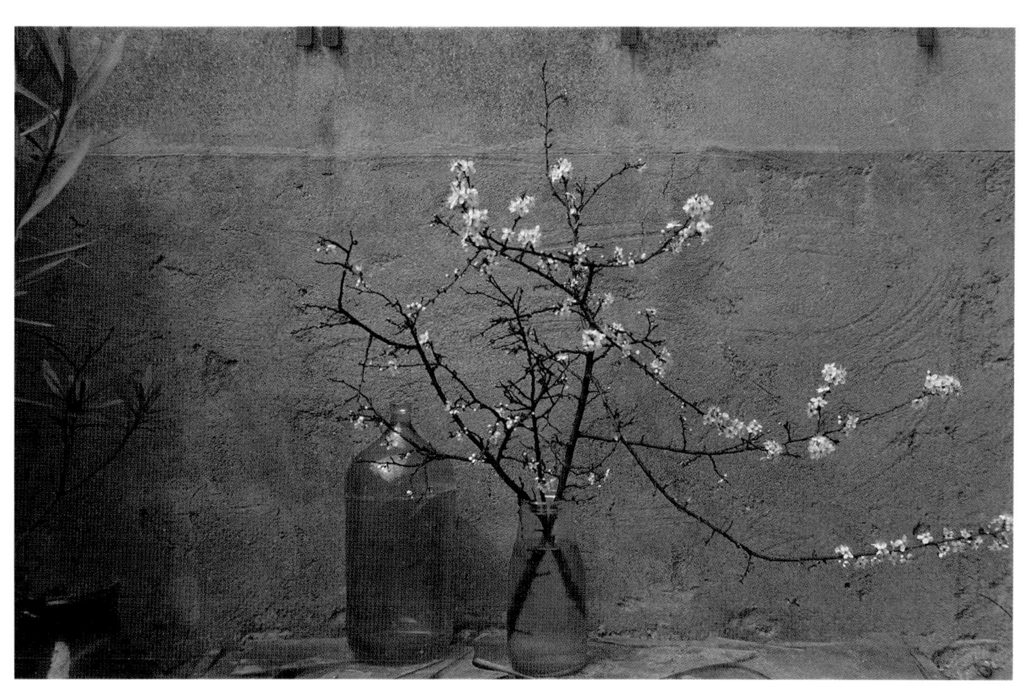

8 **Untitled / Bez názvu** late 1950s / konec 50. let

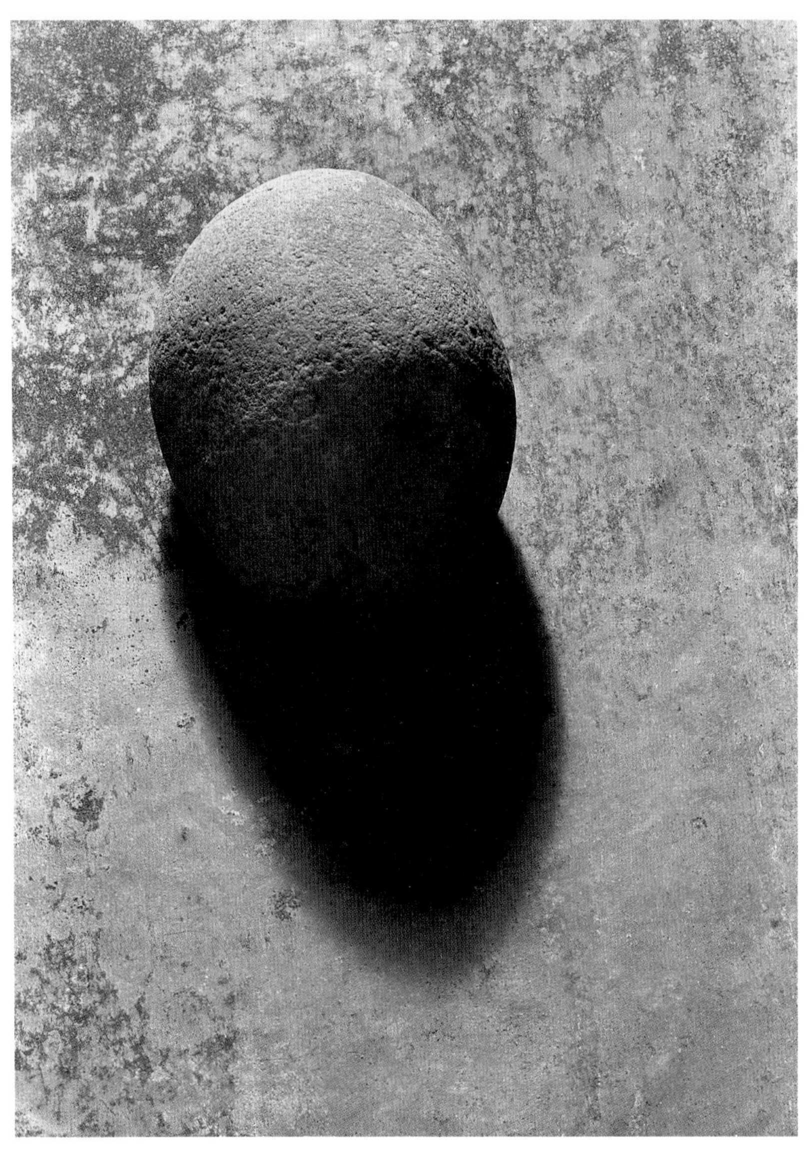

9 **Presentiment, Stone II / Předtucha, Kámen II** 1963

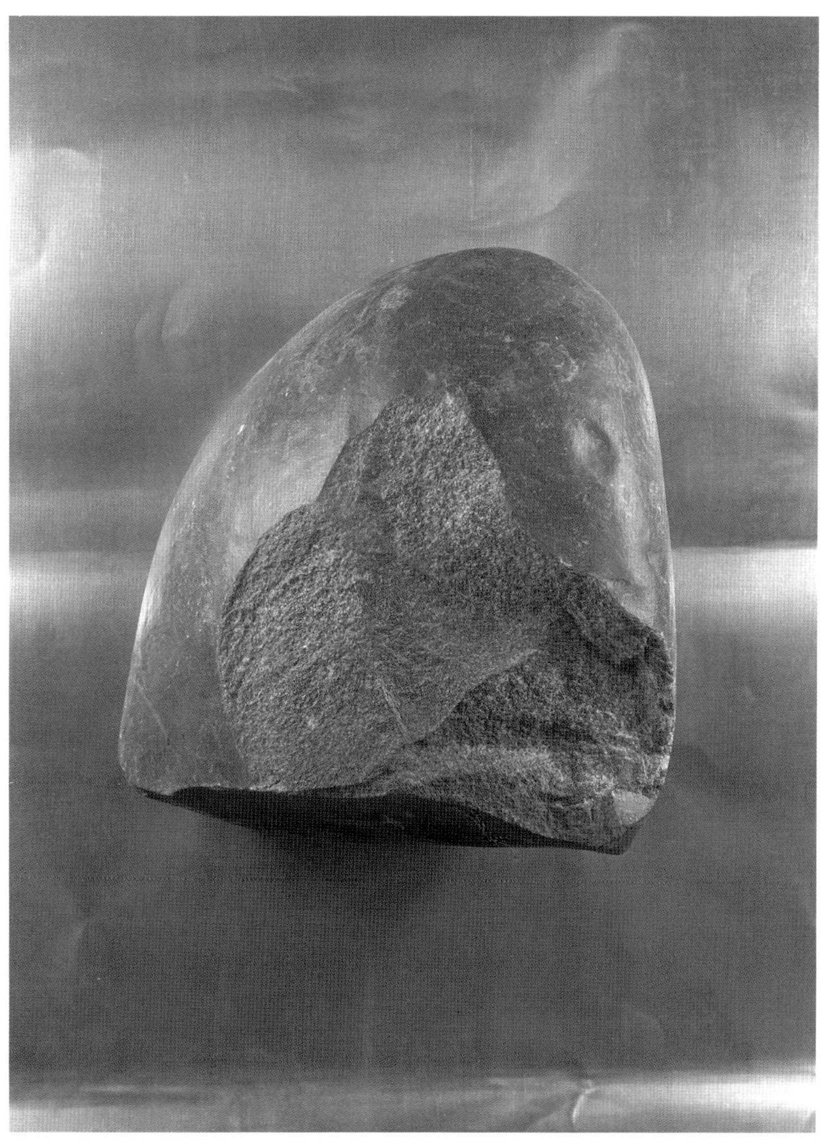

10 **Phantom I, Stone III / Přelud I, Kámen III** 1963

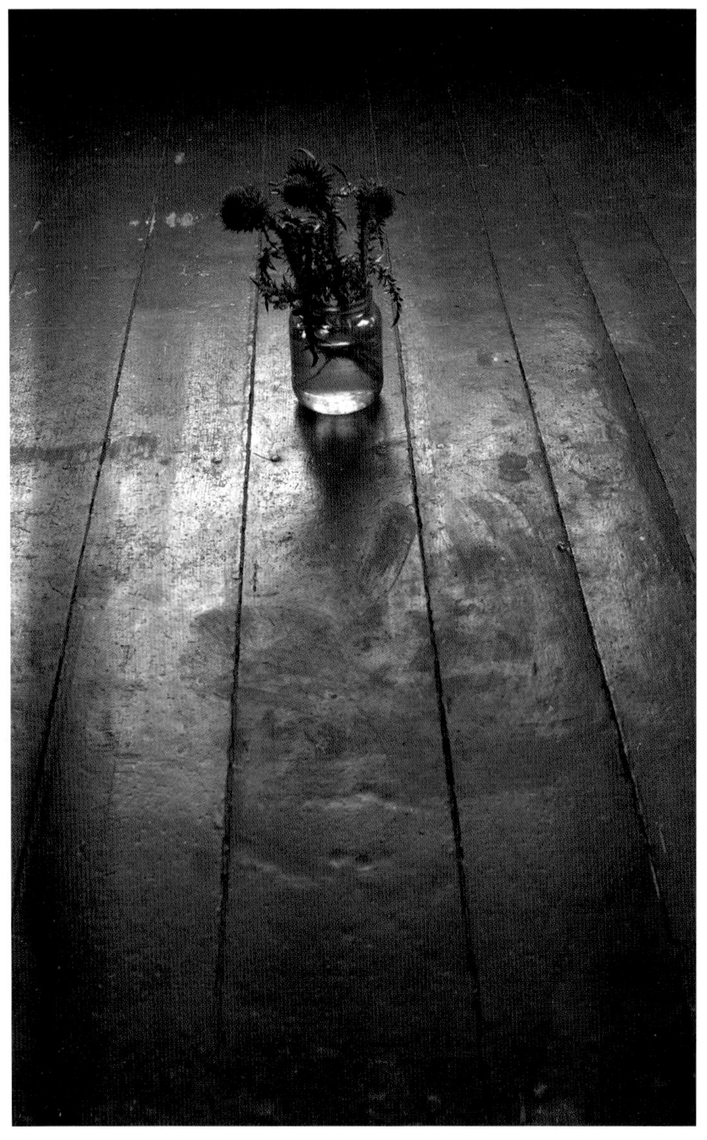

11 **Thistles / Bodláky** *c.* 1960

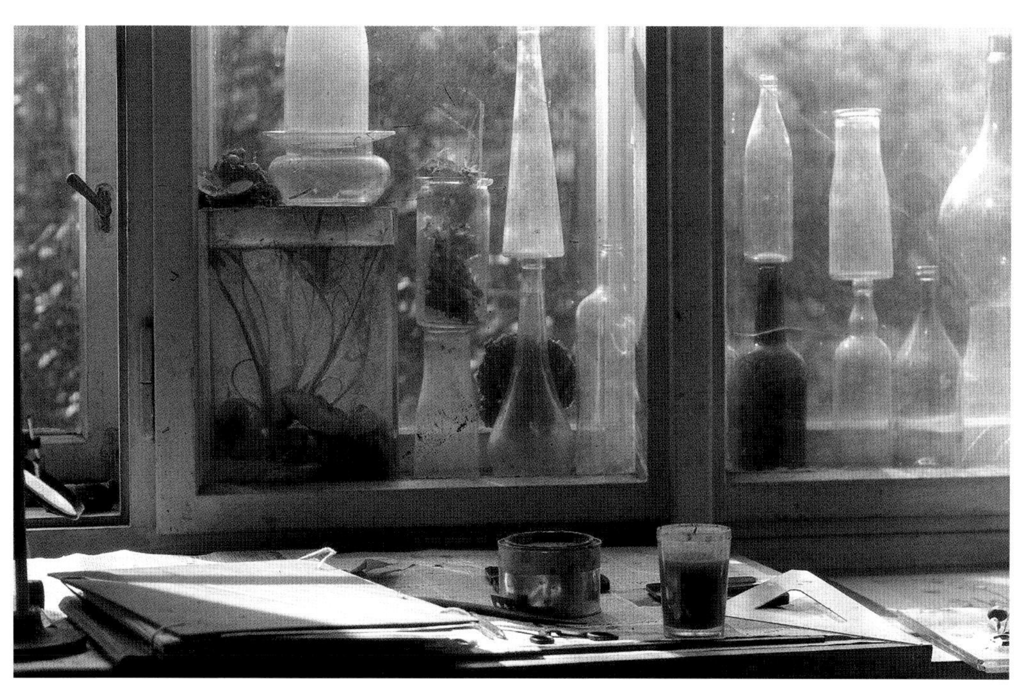

12 **Window (Study) / Okno (Studie)** 1963

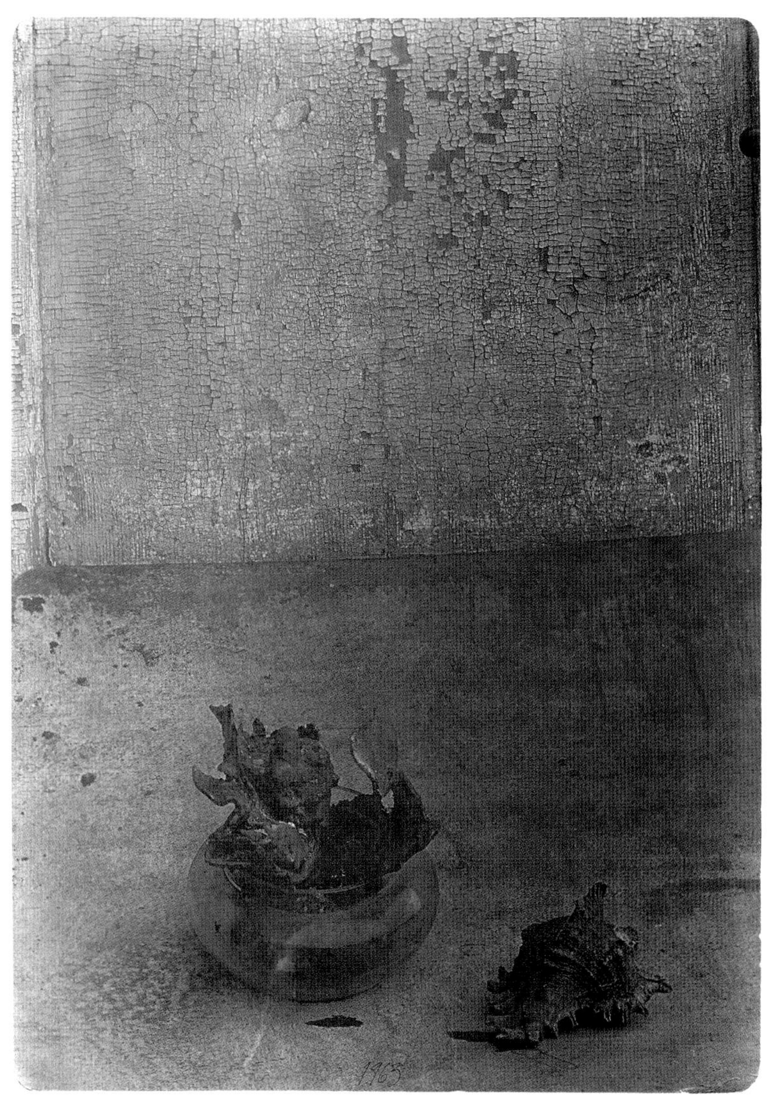

13 **Melancholy / Melancholie** 1963

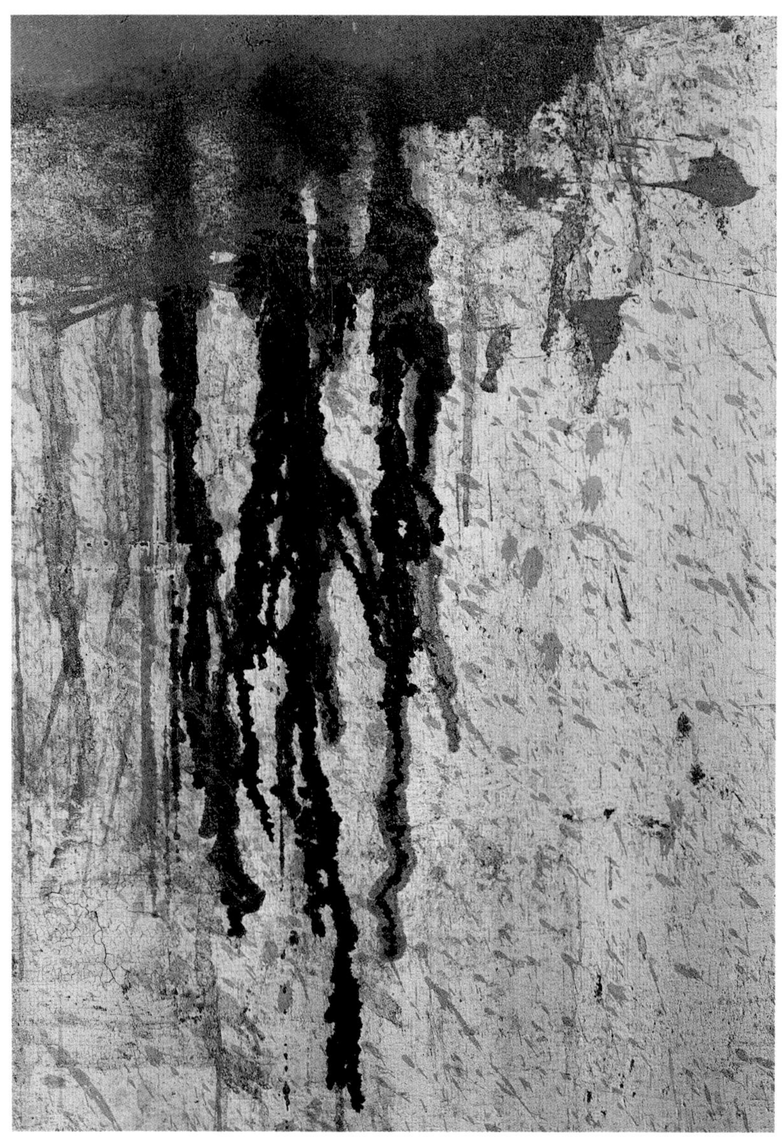

14 **Wounded Wall / Poraněná zeď** 1963

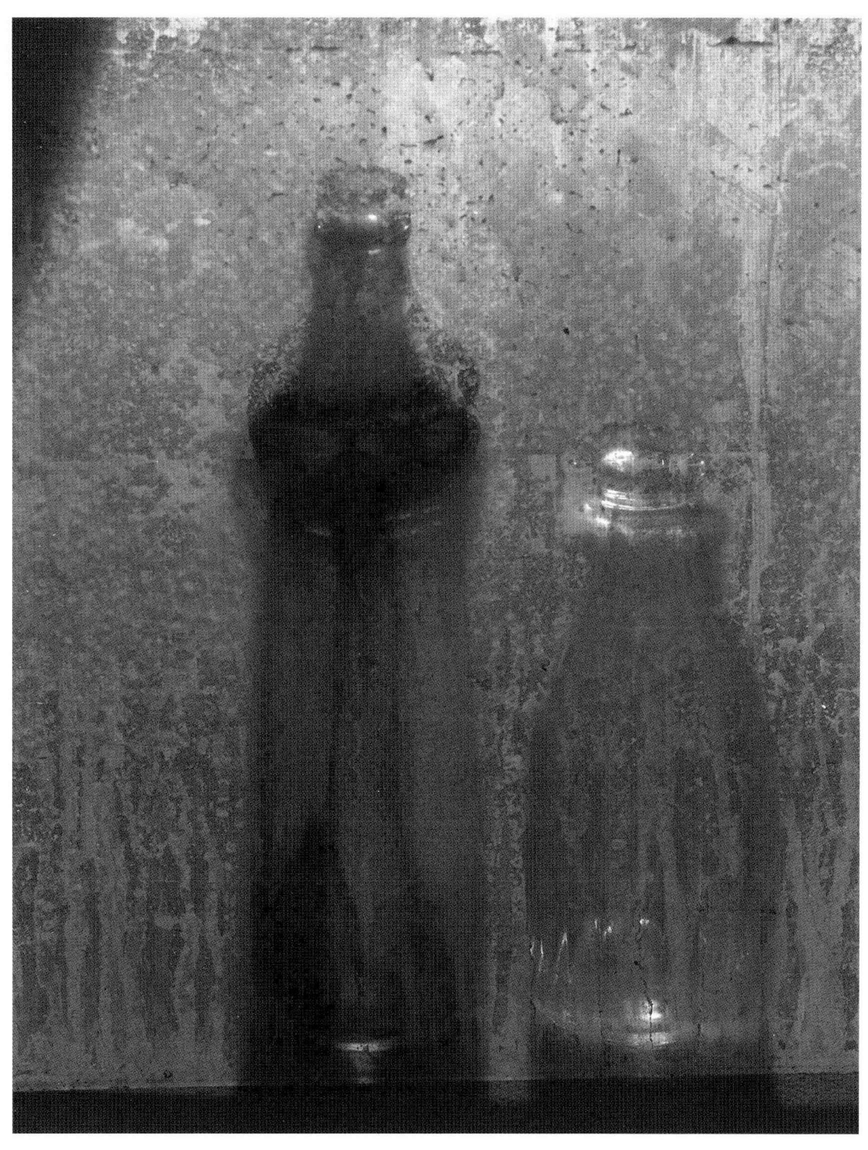

15 **Against the Light (Literally) / Proti světlu (doslova)** 1964

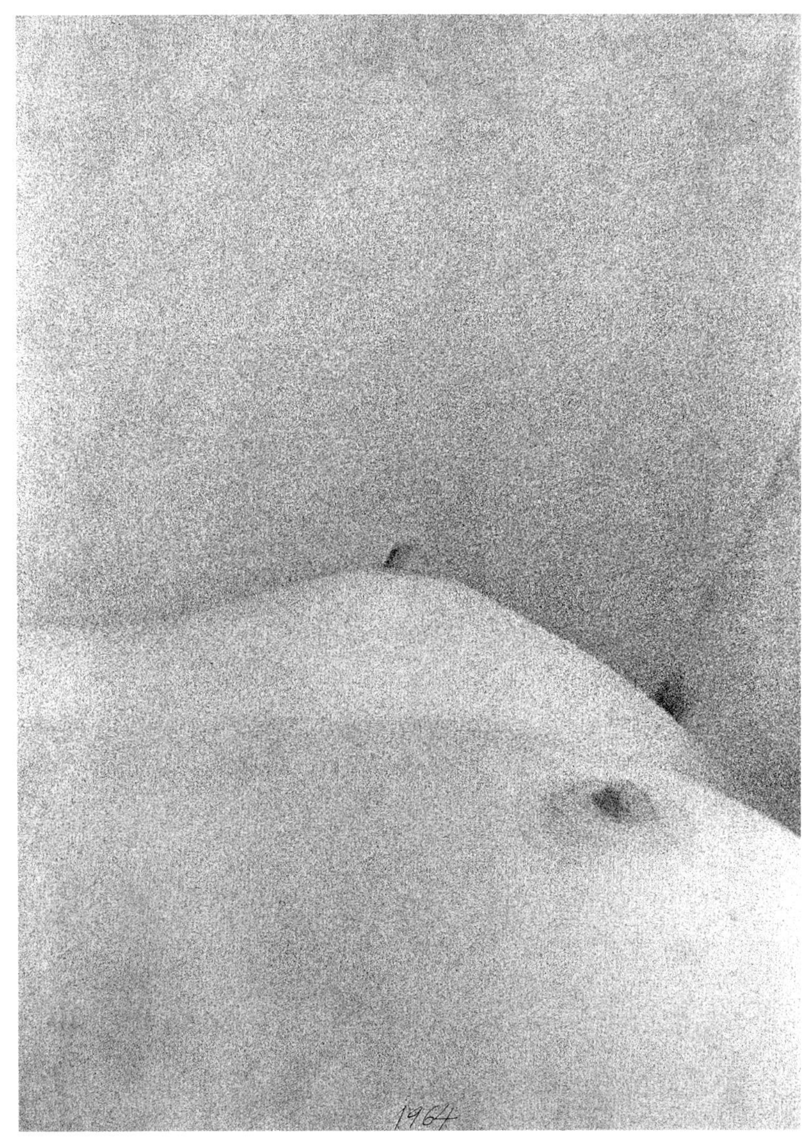

16 **Breathing In and Sniffing / Vdechnutí a vonění** 1964

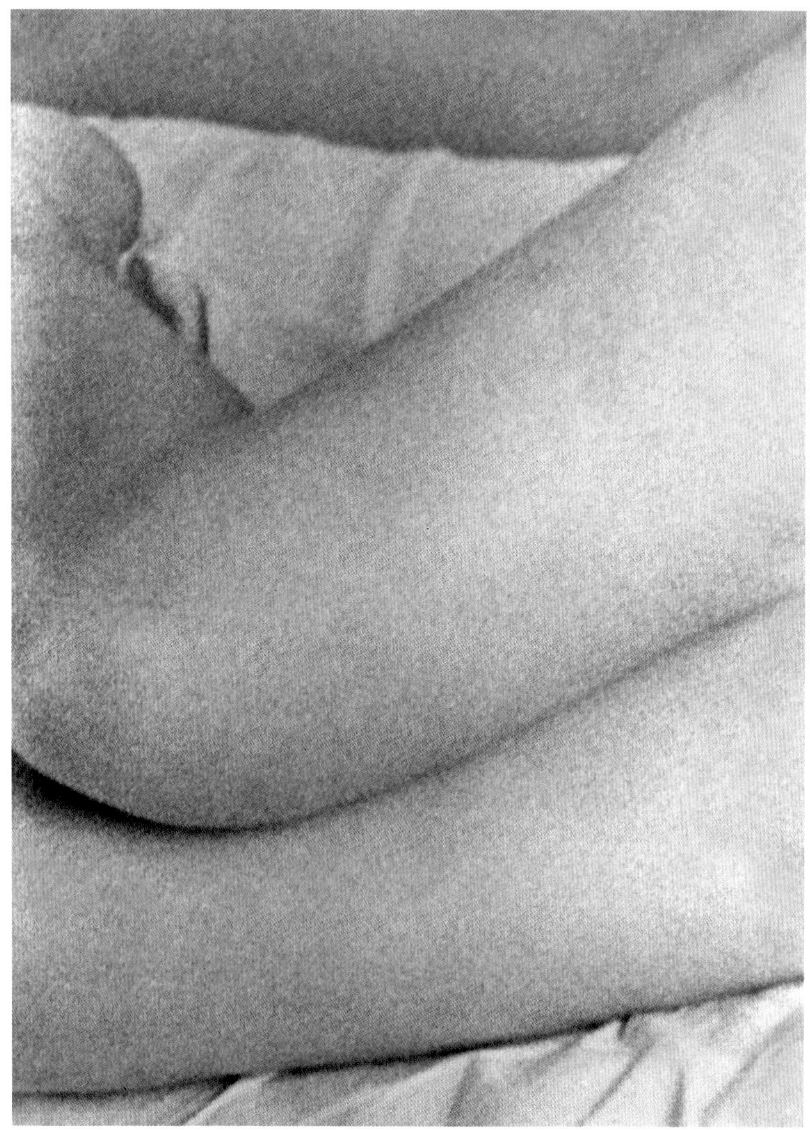

17 **Cove / Zátoka** 1964

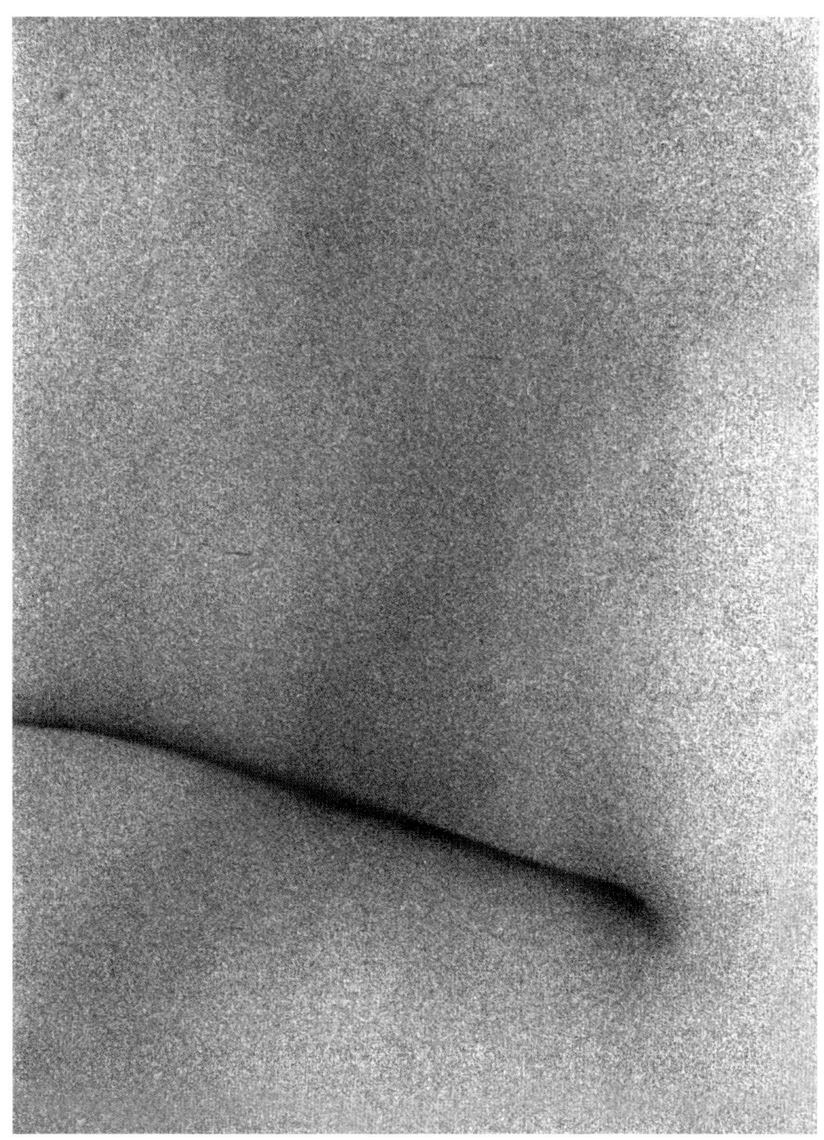

18 **Wave / Vlna** 1964

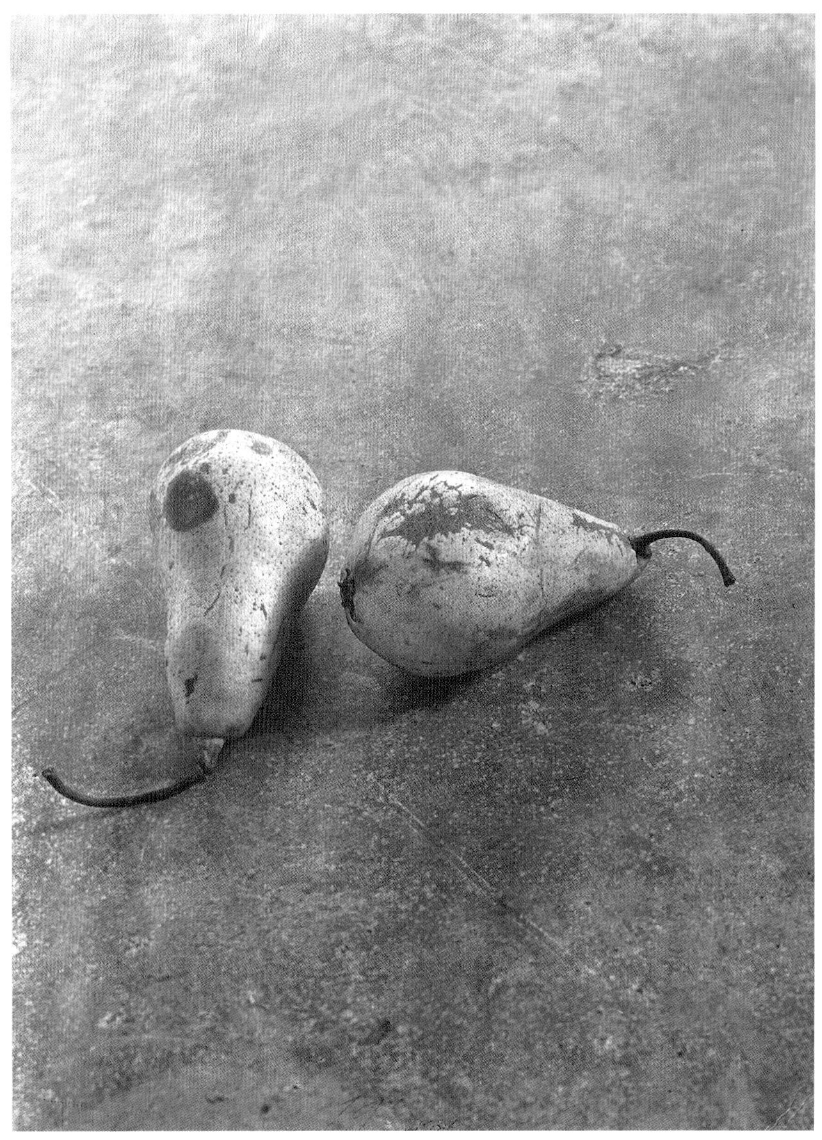

19 **Pears I / Hrušky I** 1964

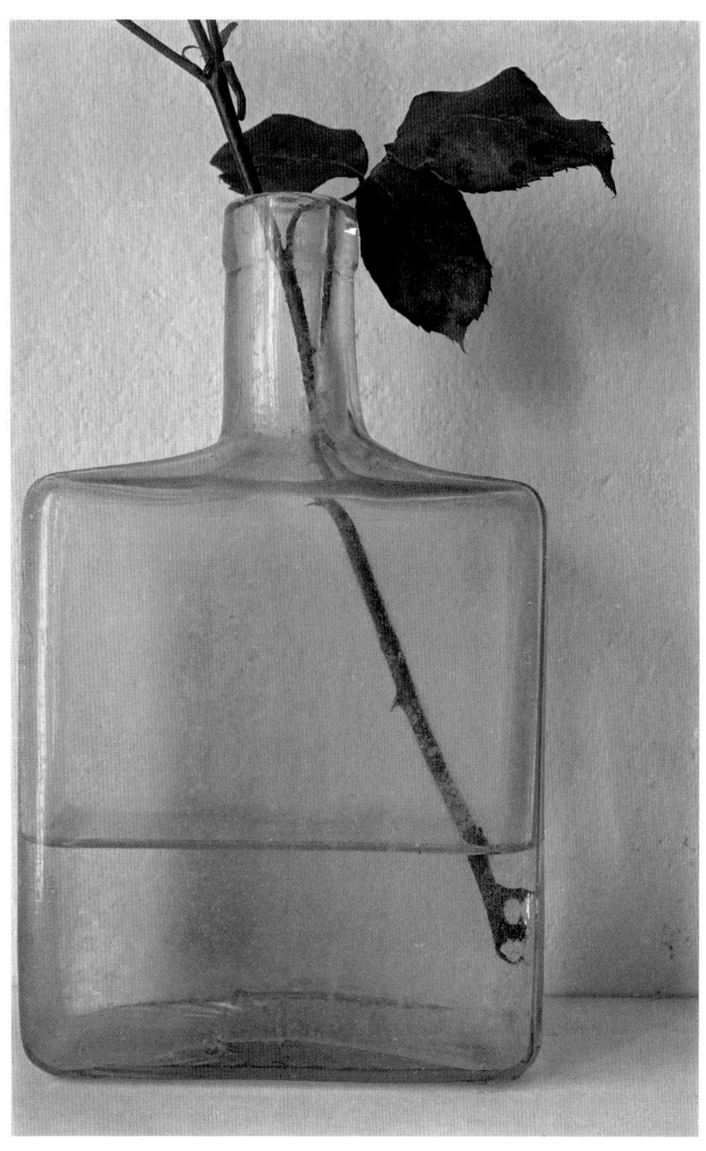

20 **The Gardener's Bud / Poupě pana zahradníka** *c.* 1966

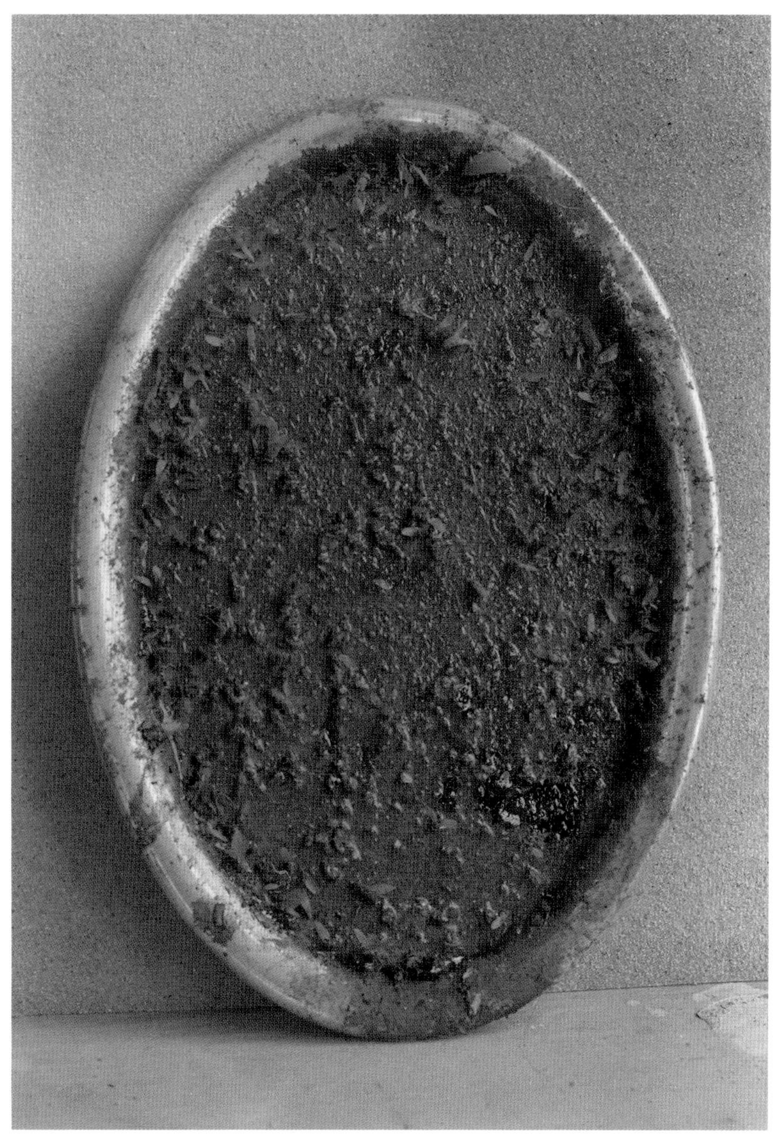

21 **Fly Trap / Mucholapka** 1966

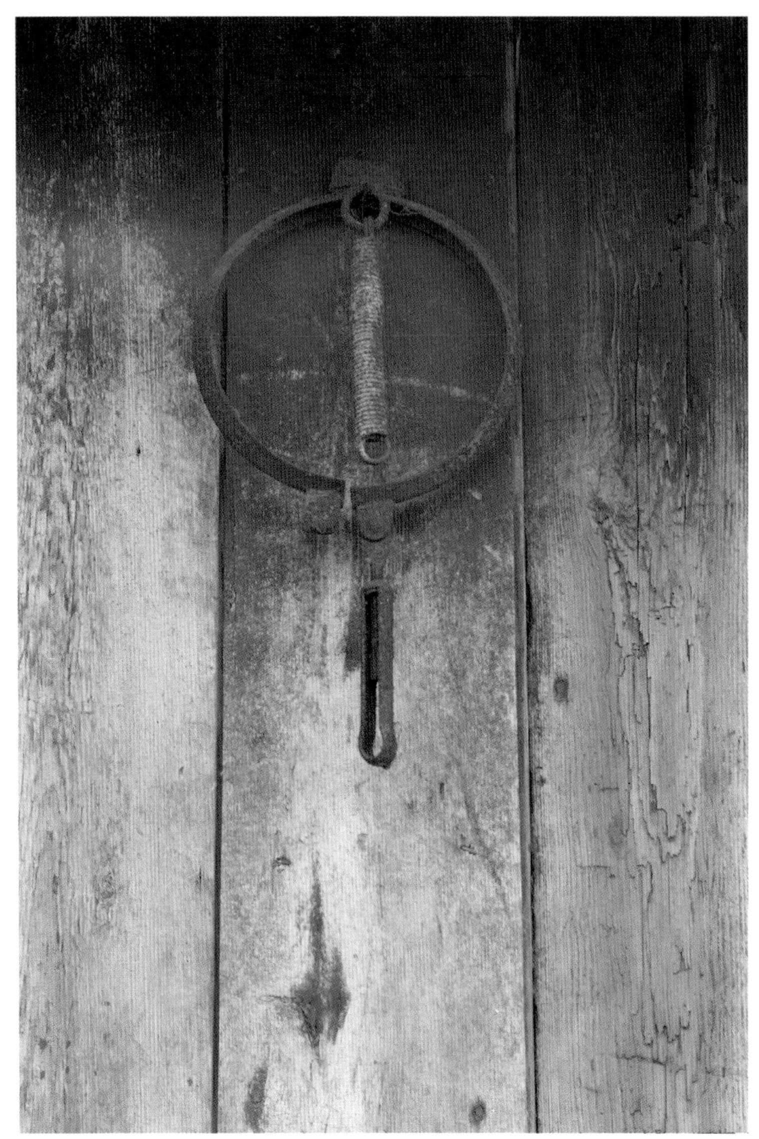

22 **Štolmíř** 1966

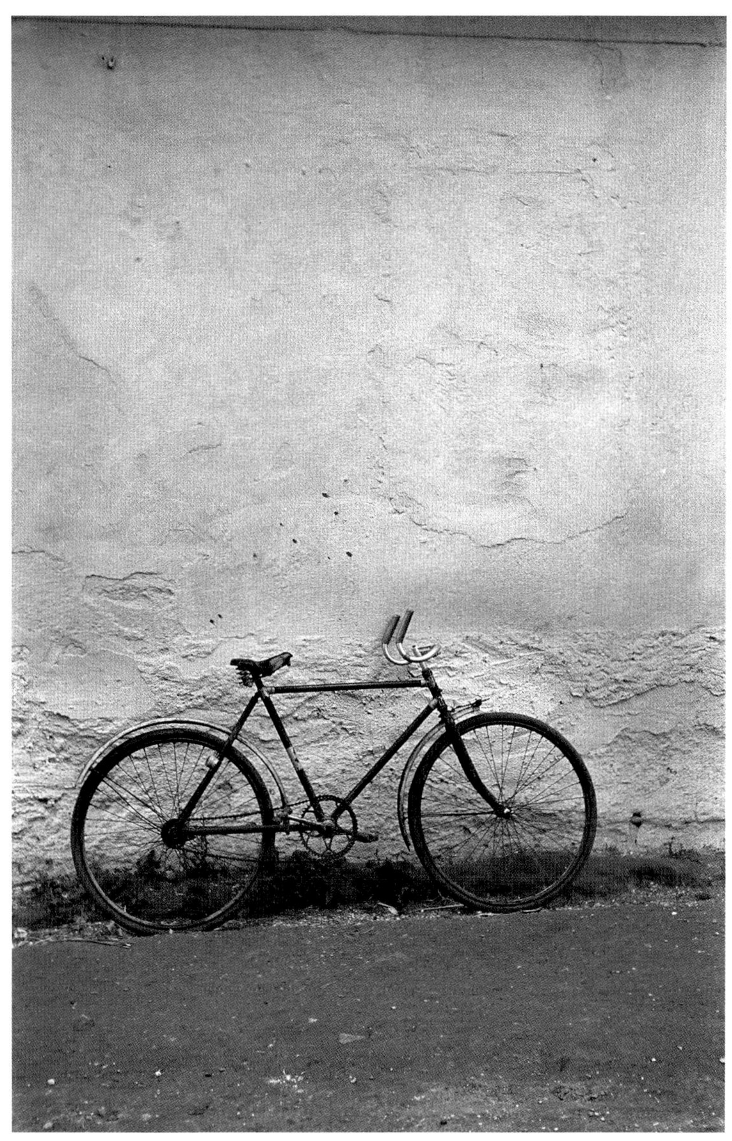

23 **Bicycle / Kolo** 1966

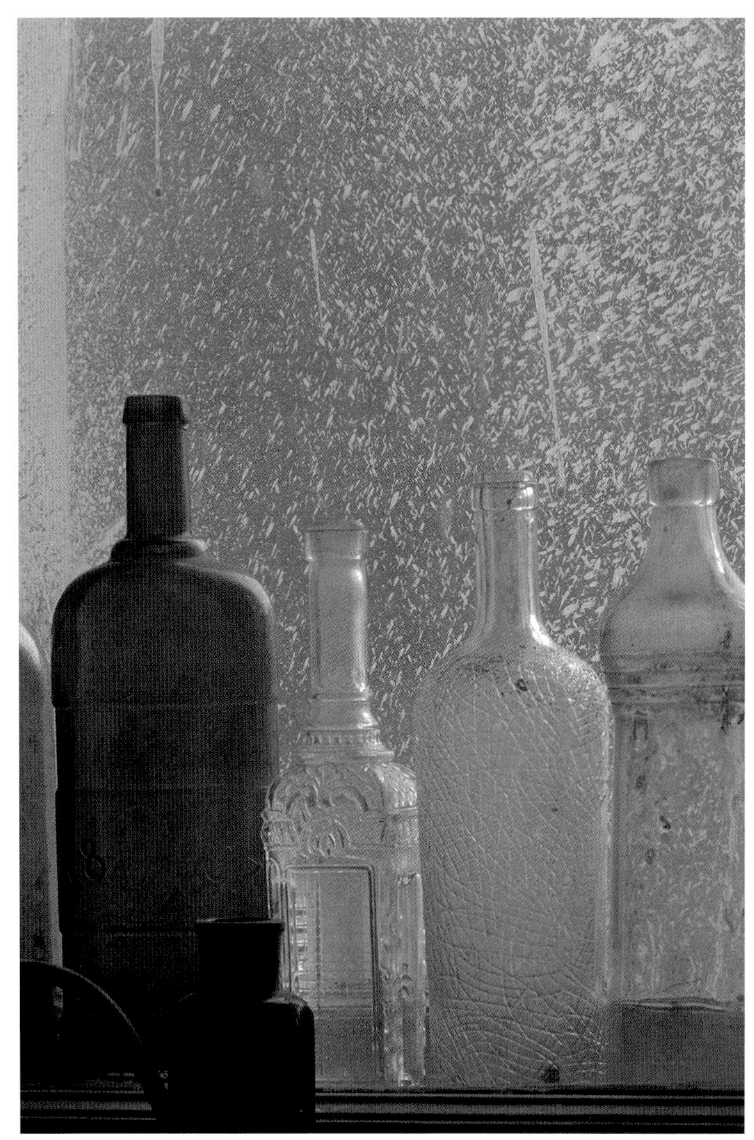

24 **Window III / Okno III** 1968

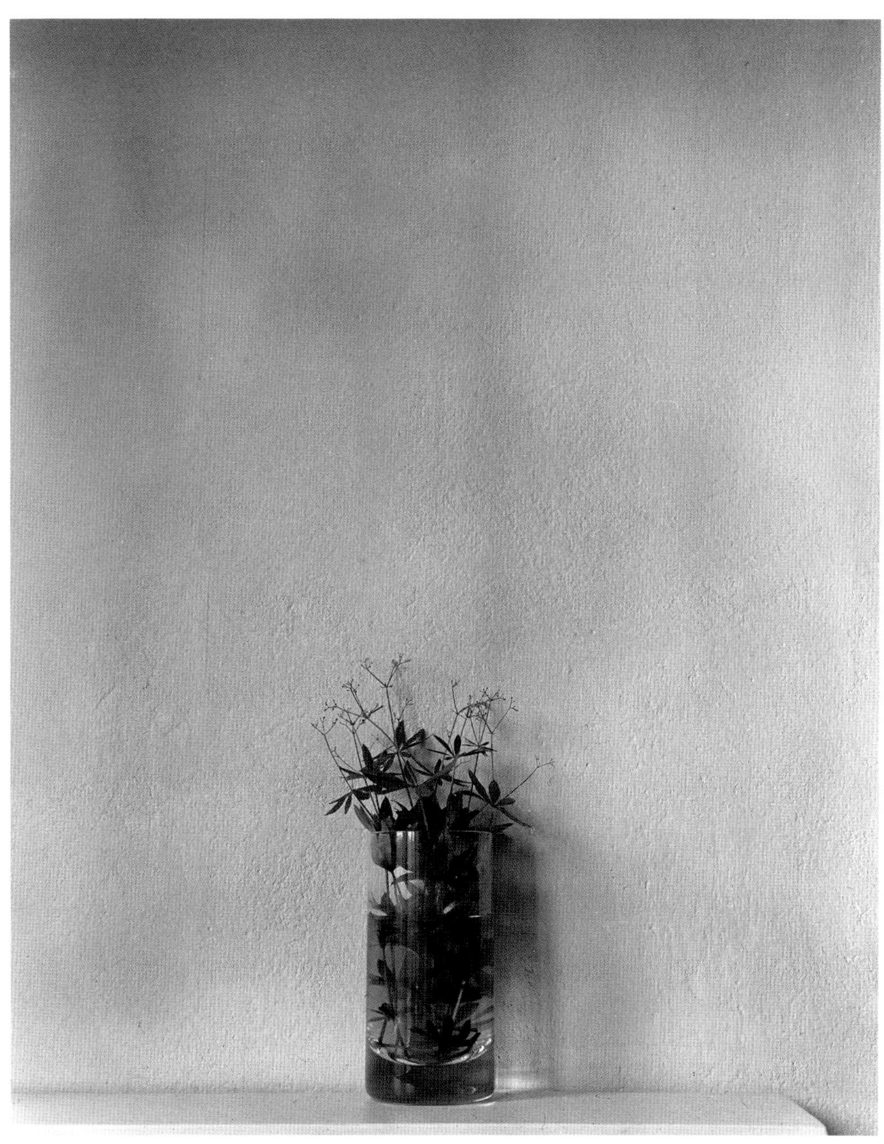

25 **Galium odoratum II / Mařinka II** 1966

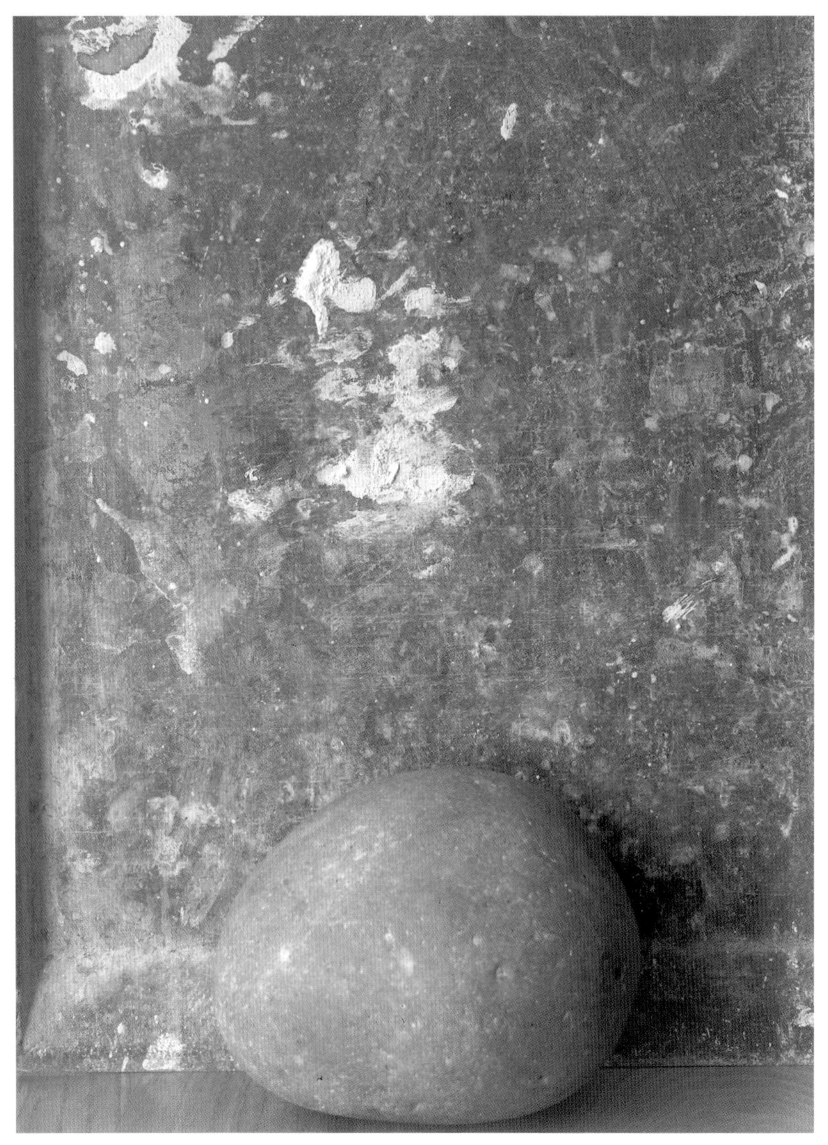

26 **Dream, Stone VII / Sen, Kámen VII** 1968

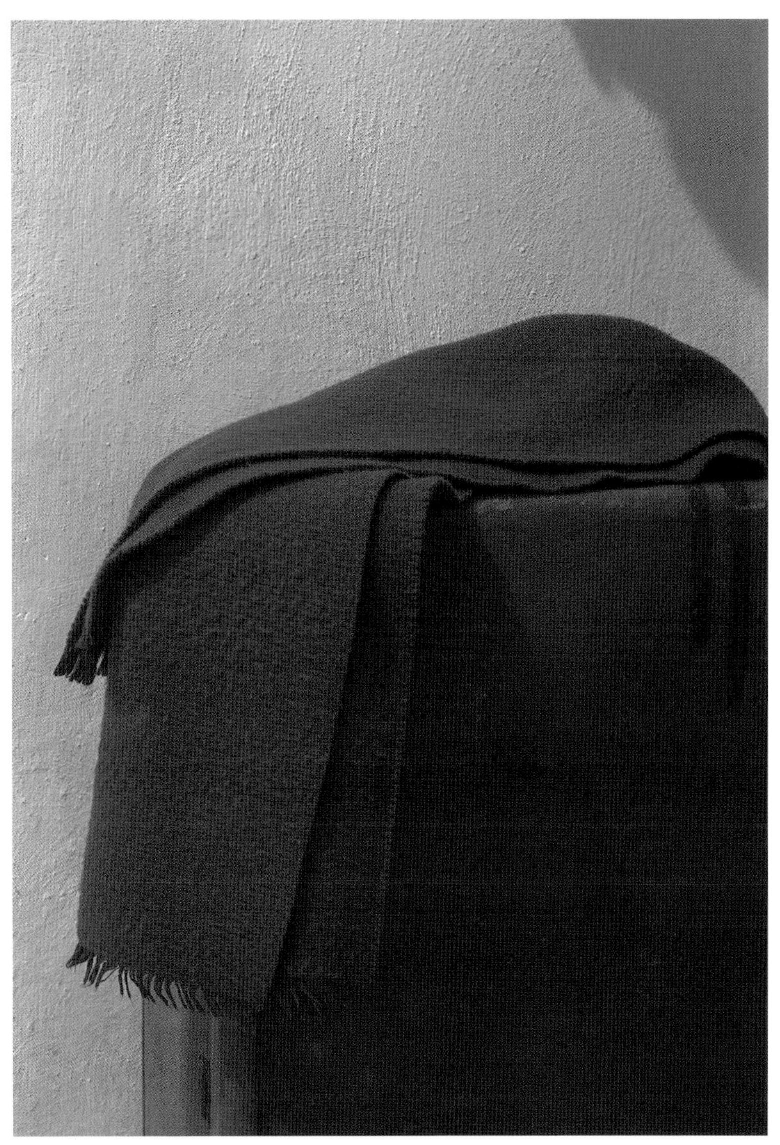

27 **Scarf / Šála** 1966

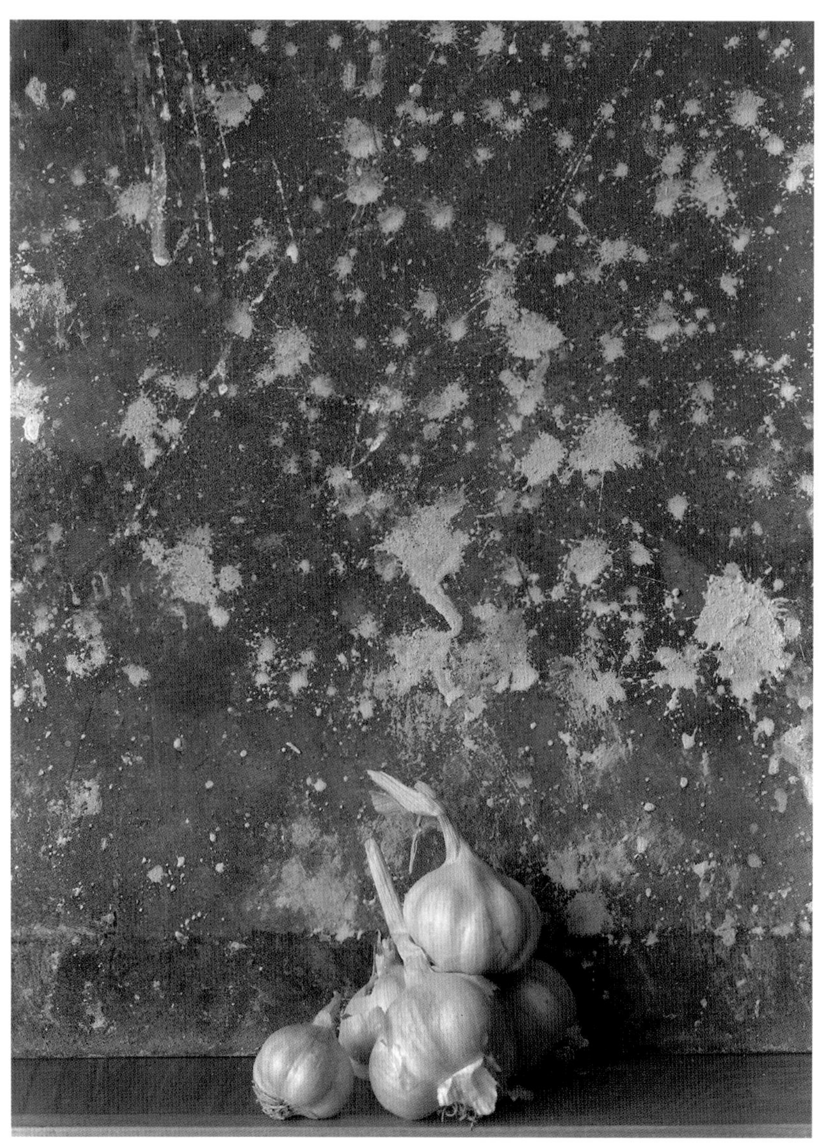

28 **Garlic / Česnek** 1968

29 **Surface / Povrch** 1967

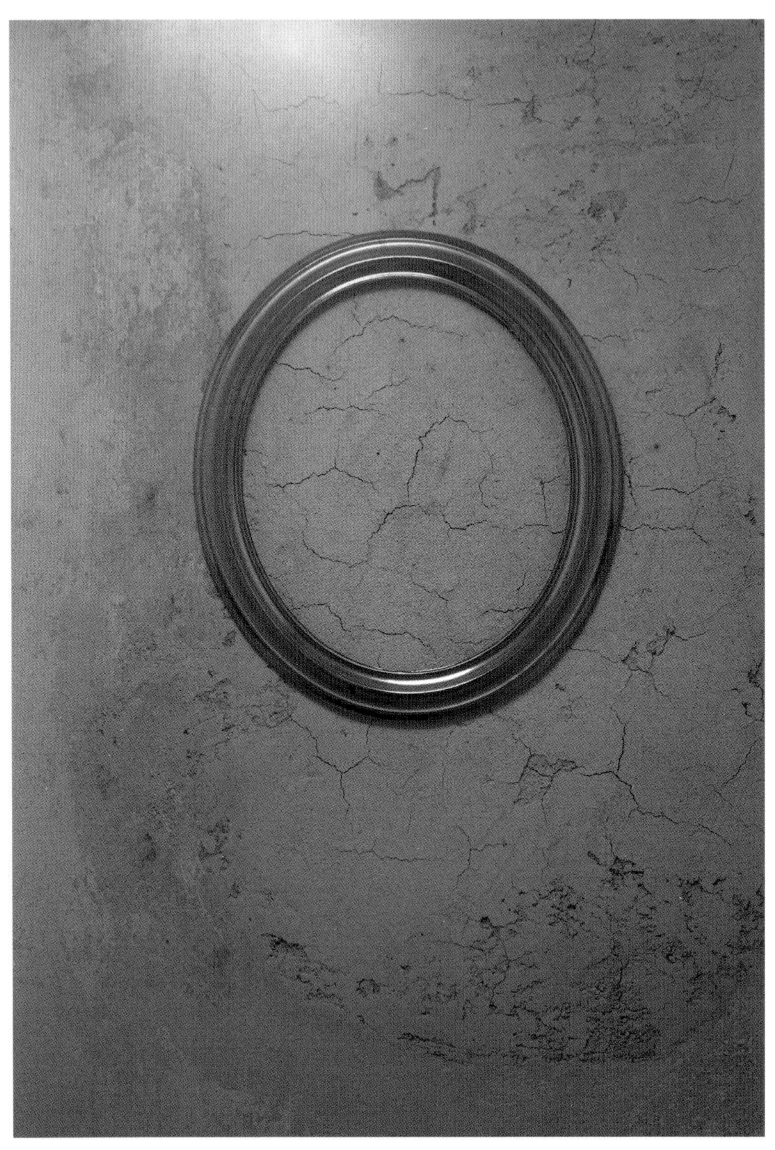

30 **Little Frame / Rámeček** 1968

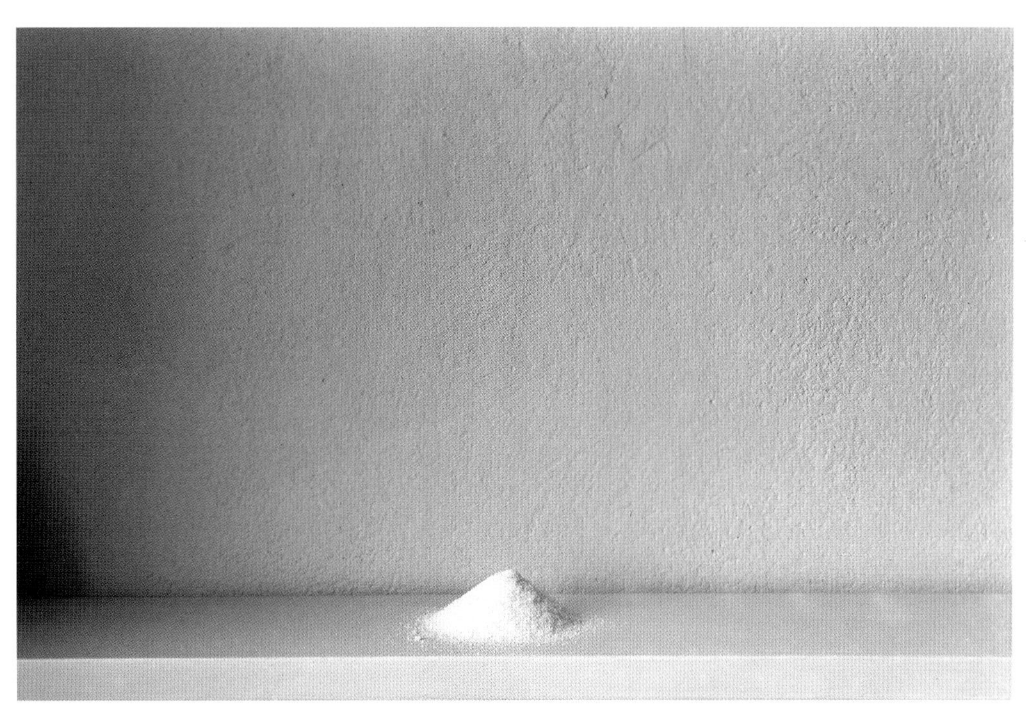

31 **There Are Memories of Memories / Jsou vzpomínky vzpomínek** 1969

32 **With a Bluish Tide / S přílivem modravým** 1968

33 **The Other Side of a Photograph / Druhá strana fotografie** 1969

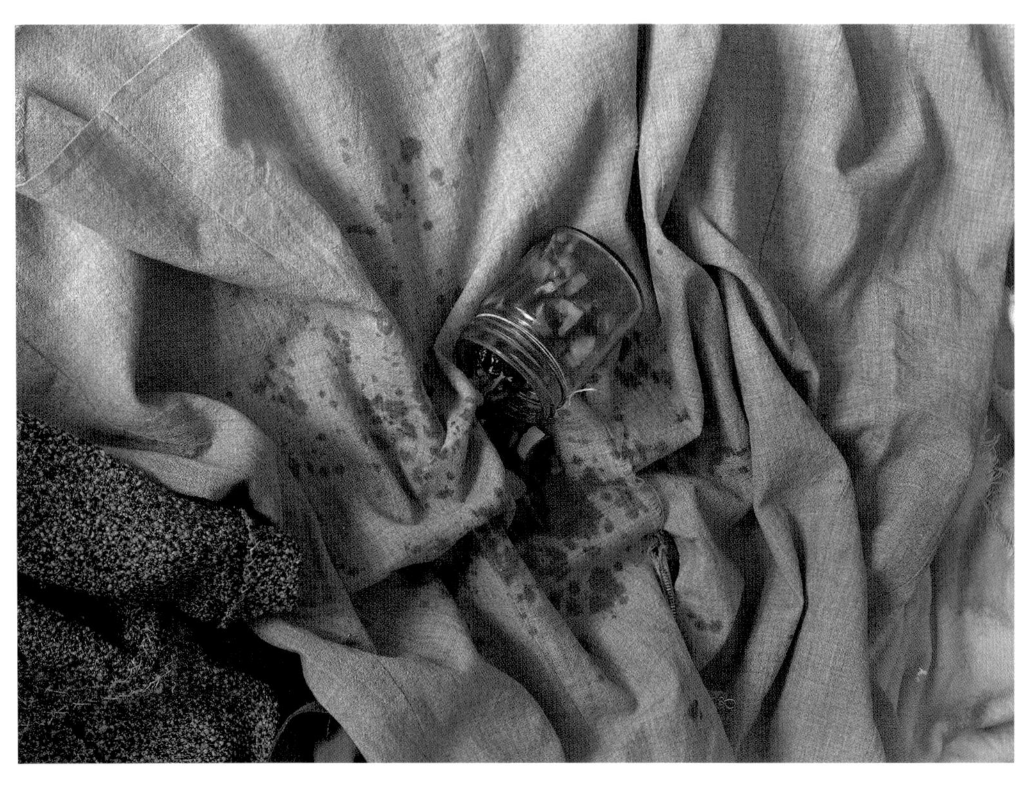

34 **A Photograph for Mrs. A. / Fotografie pro paní A.** 1970

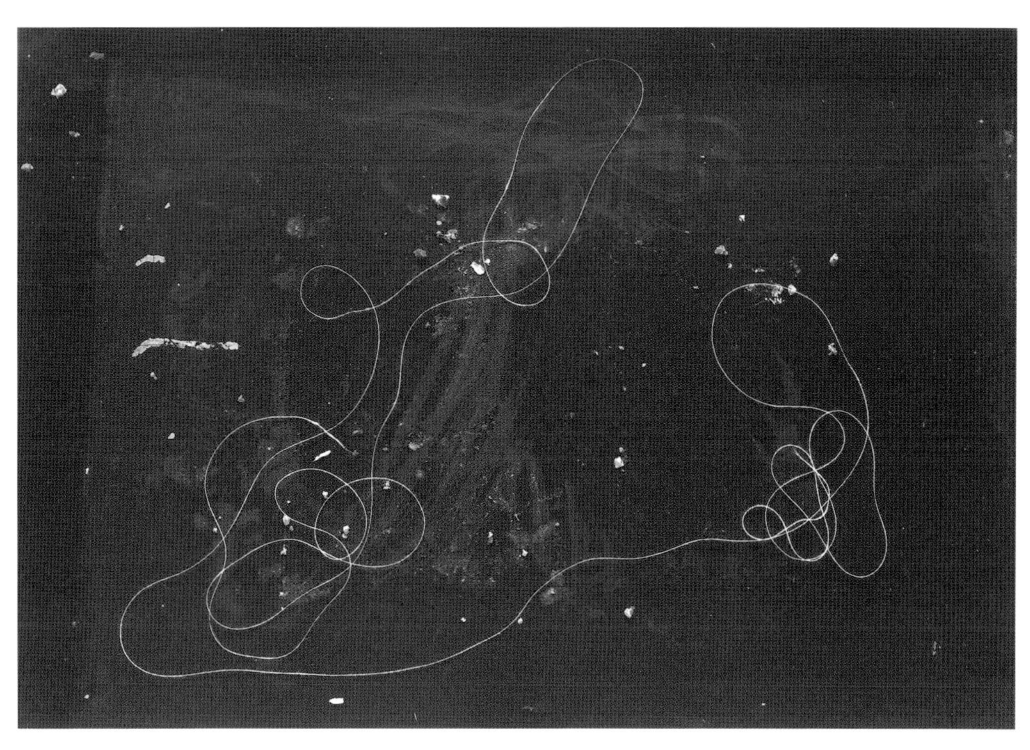

35 **Still Life with a Thread (Conversation with Mr. B.) / Zátiší s nití (Rozhovor s panem B.)** 1969

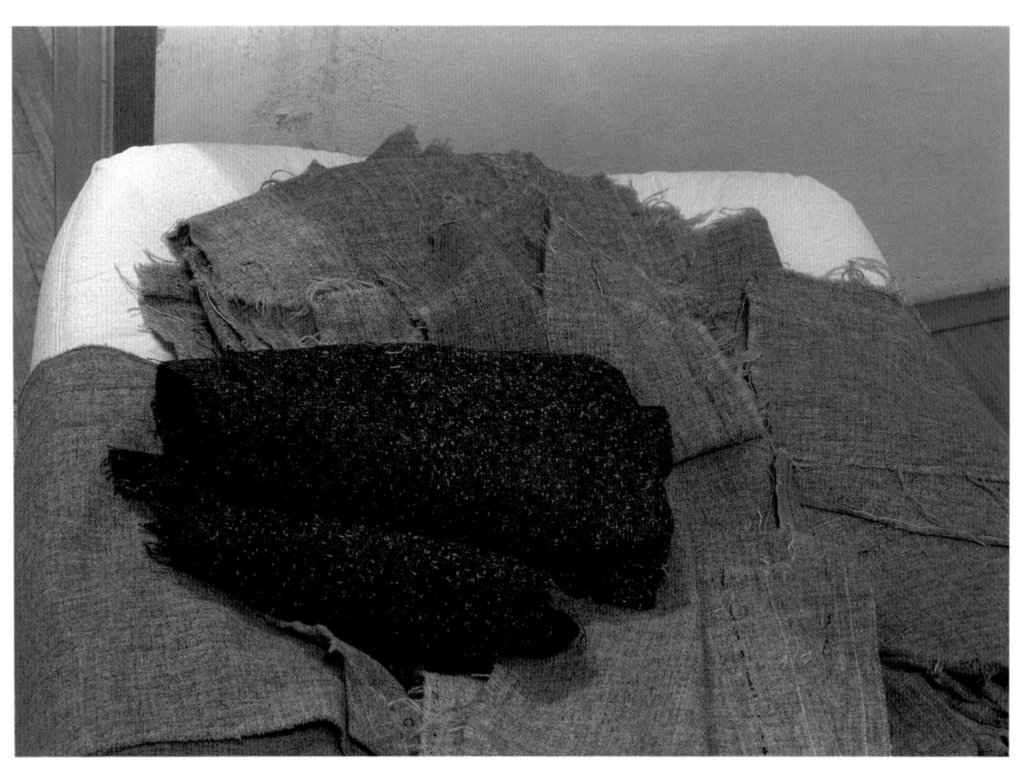

36 **Rags / Hadříky** 1970

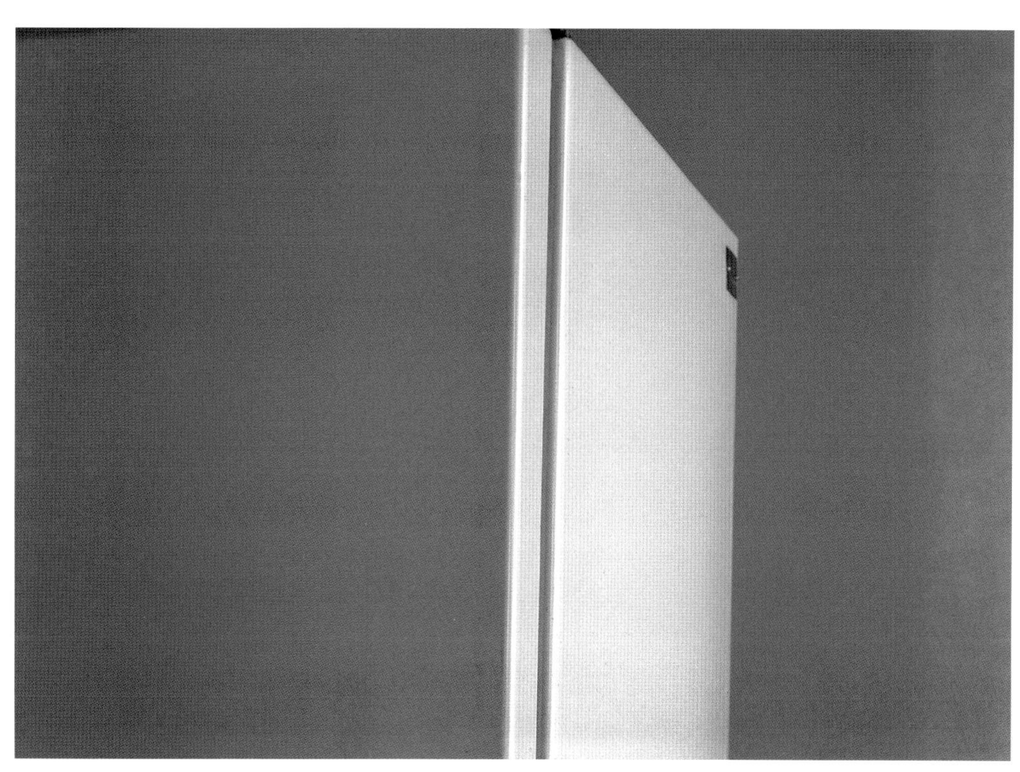

37 **Refrigerator / Chladnička** 1969

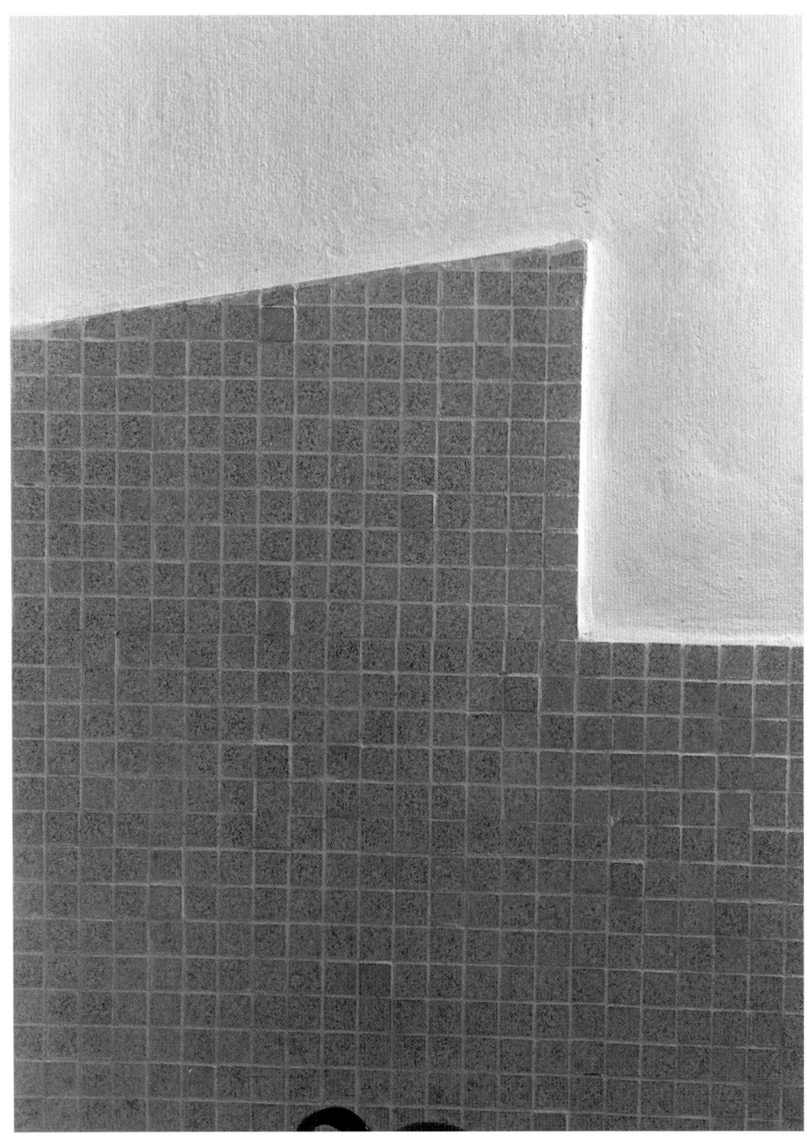

38 **In the Kitchen XII, Tiles / V kuchyni XII, Kachlíčky** 1969

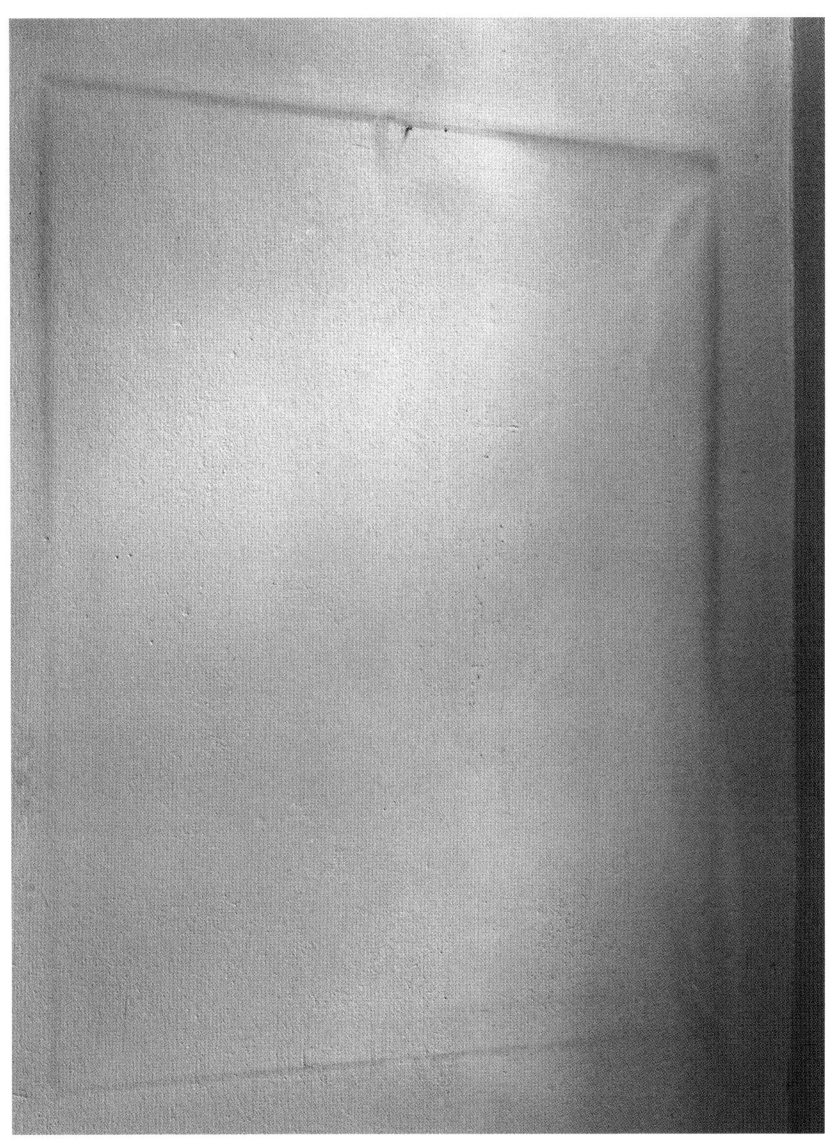

39 **Imprint I / Otisk I** 1970

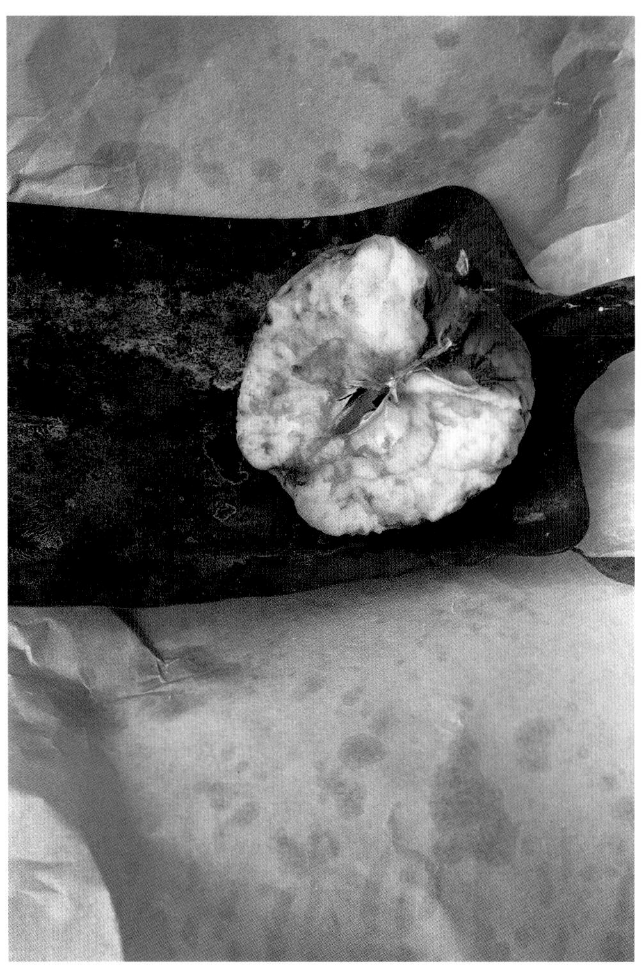

40 **Twenty-third Photograph after Josef Sudek / Dvacátá třetí fotografie podle Josefa Sudka** 1970

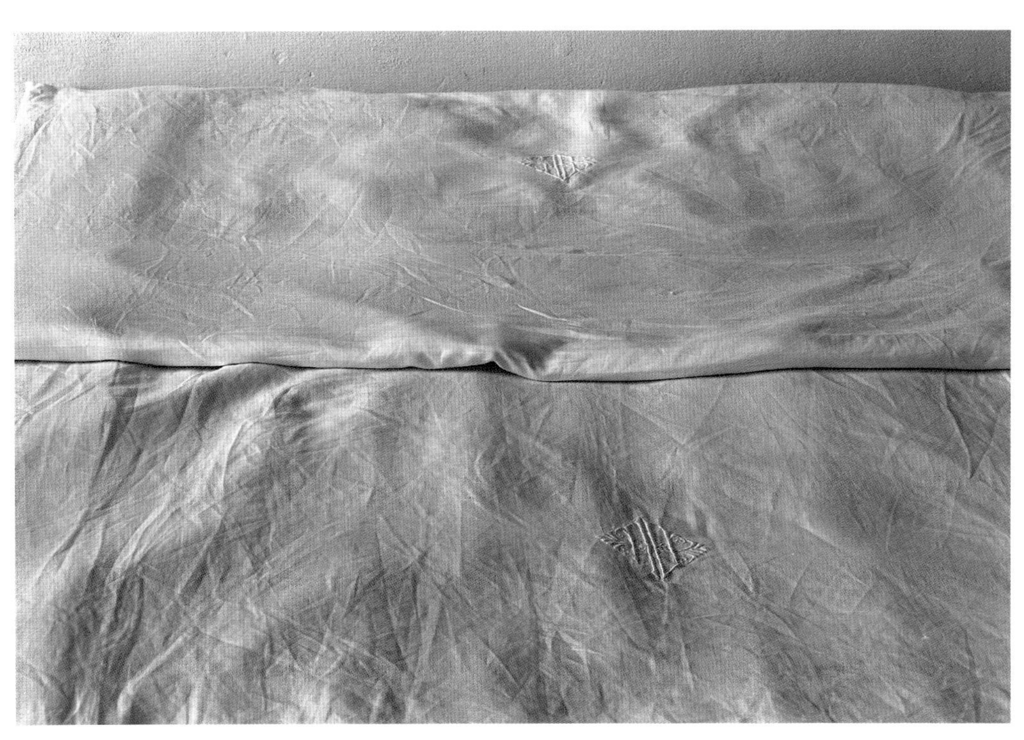

41 **A Half VII / Polovina VII** 1970

42 **A Picture That Will Not Return II / Obraz, který se nevrátí II** 1971

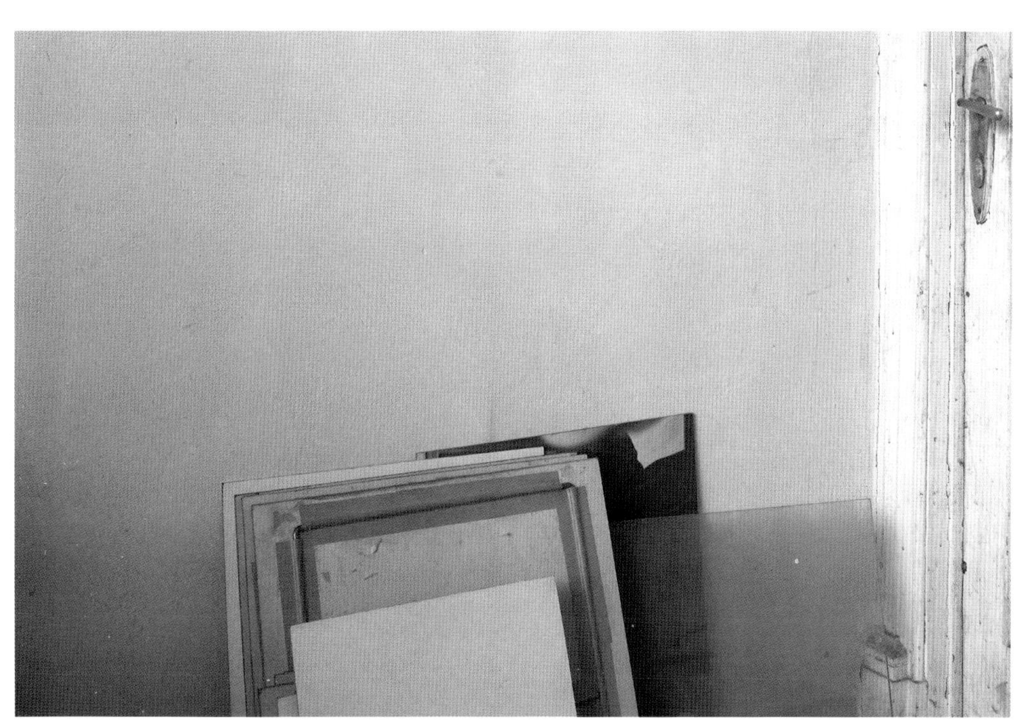

43 **An Attempt at the Ideal Proportion III / Pokus o ideální proporci III** 1971

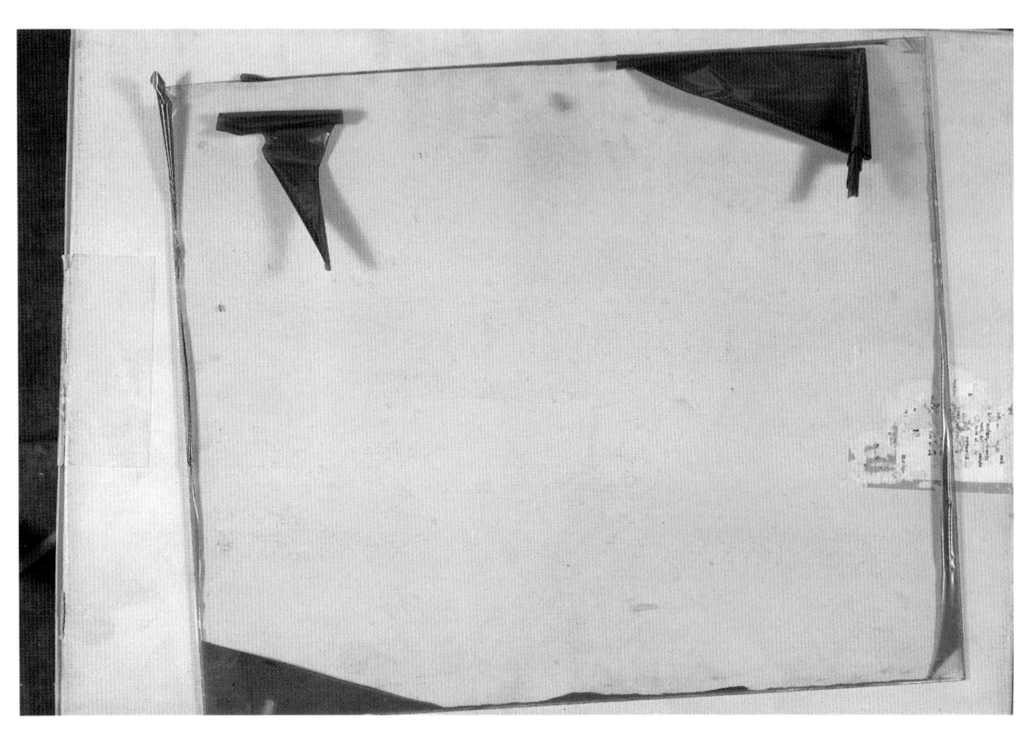

44 **Fragment of a Photographic Plate / Fragment fotografické desky** 1971

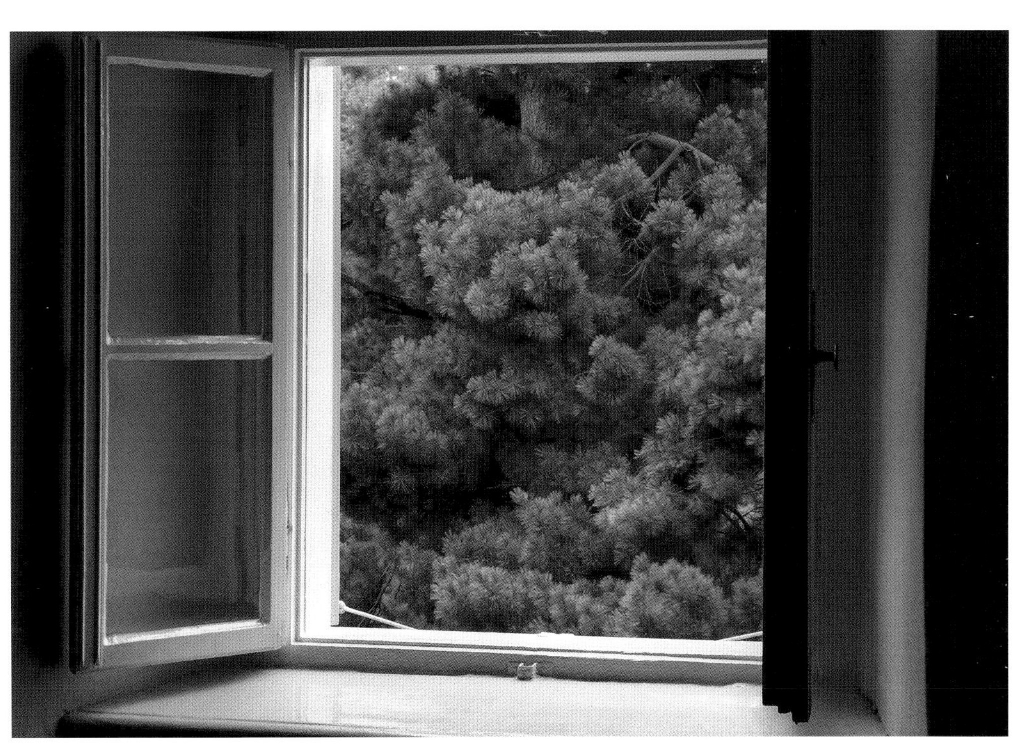

45 **View from a Window V / Pohled z okna V** 1971

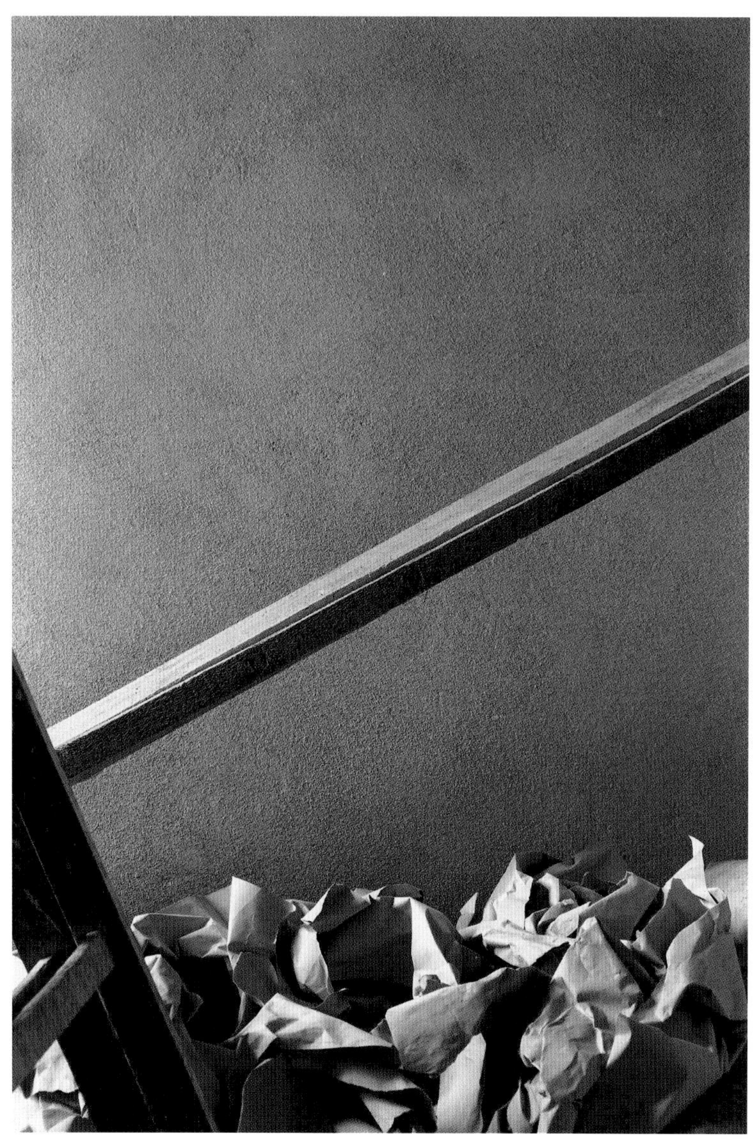

46 **A Photograph for Stanislav Kolíbal / Fotografie pro Stanislava Kolíbala** 1971

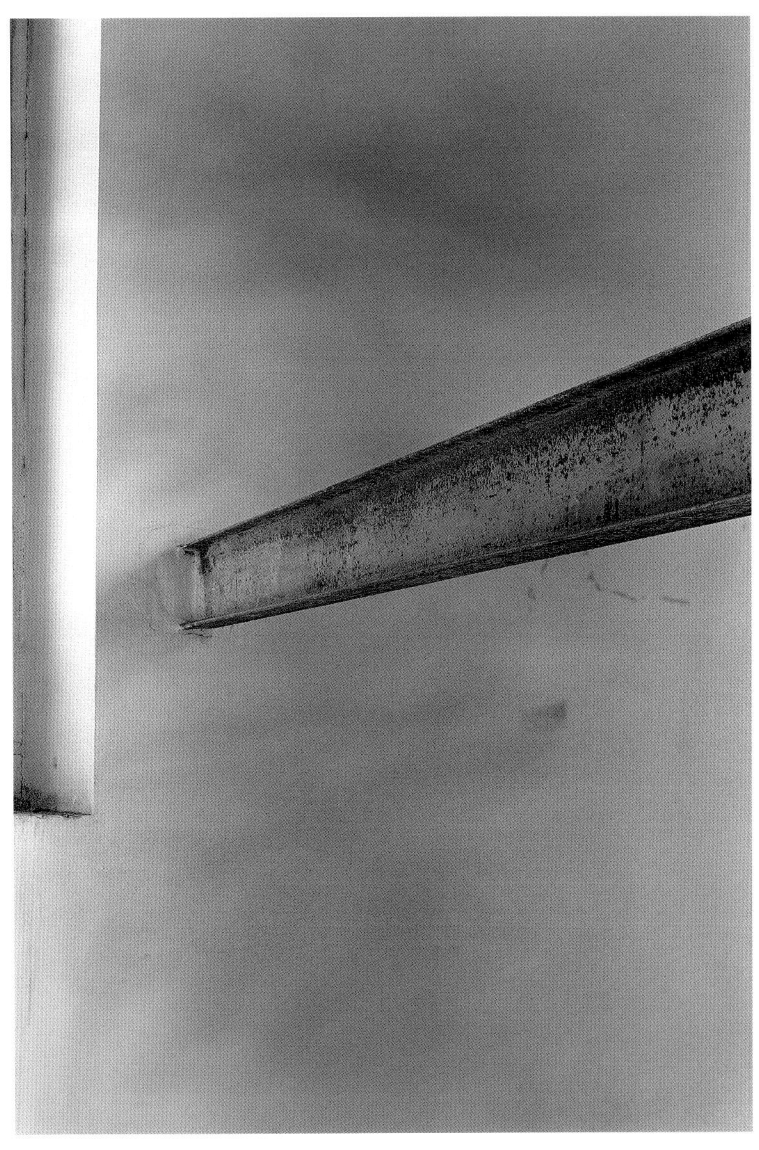

47 **Homage to Zdeněk Palcr / Pocta Zdeňku Palcrovi** 1971

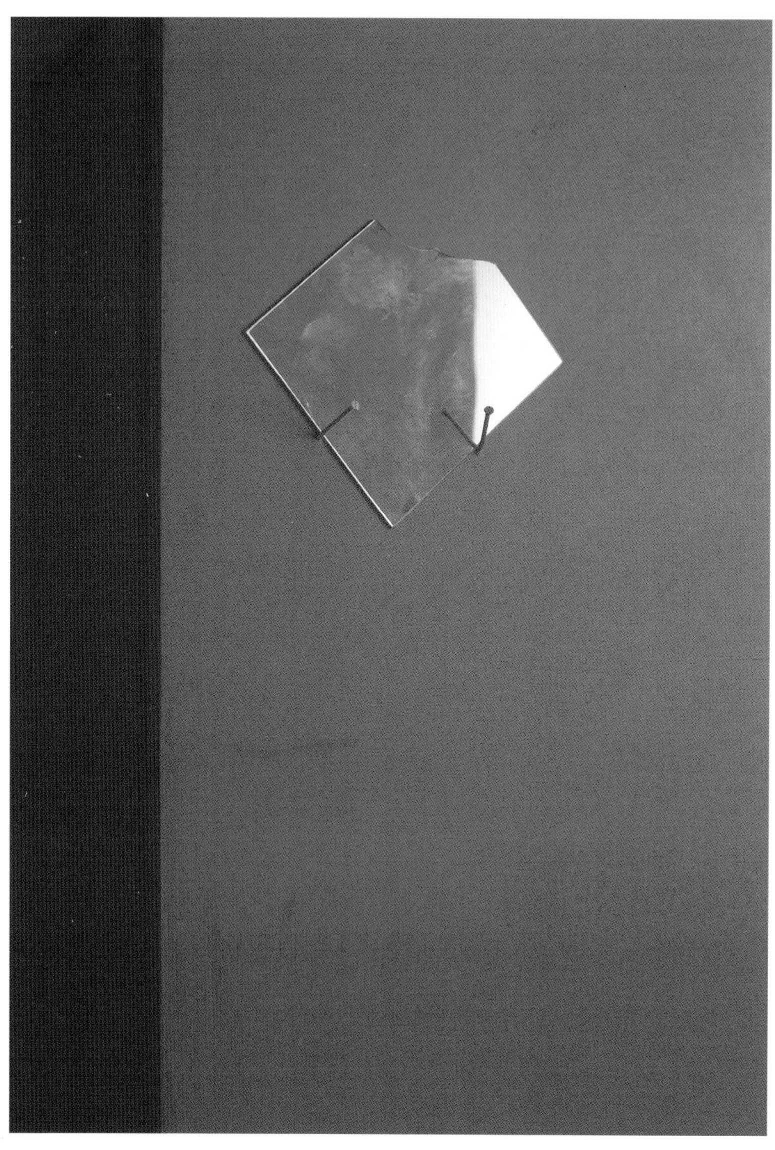

48 **Little Mirror / Zrcátko** 1971

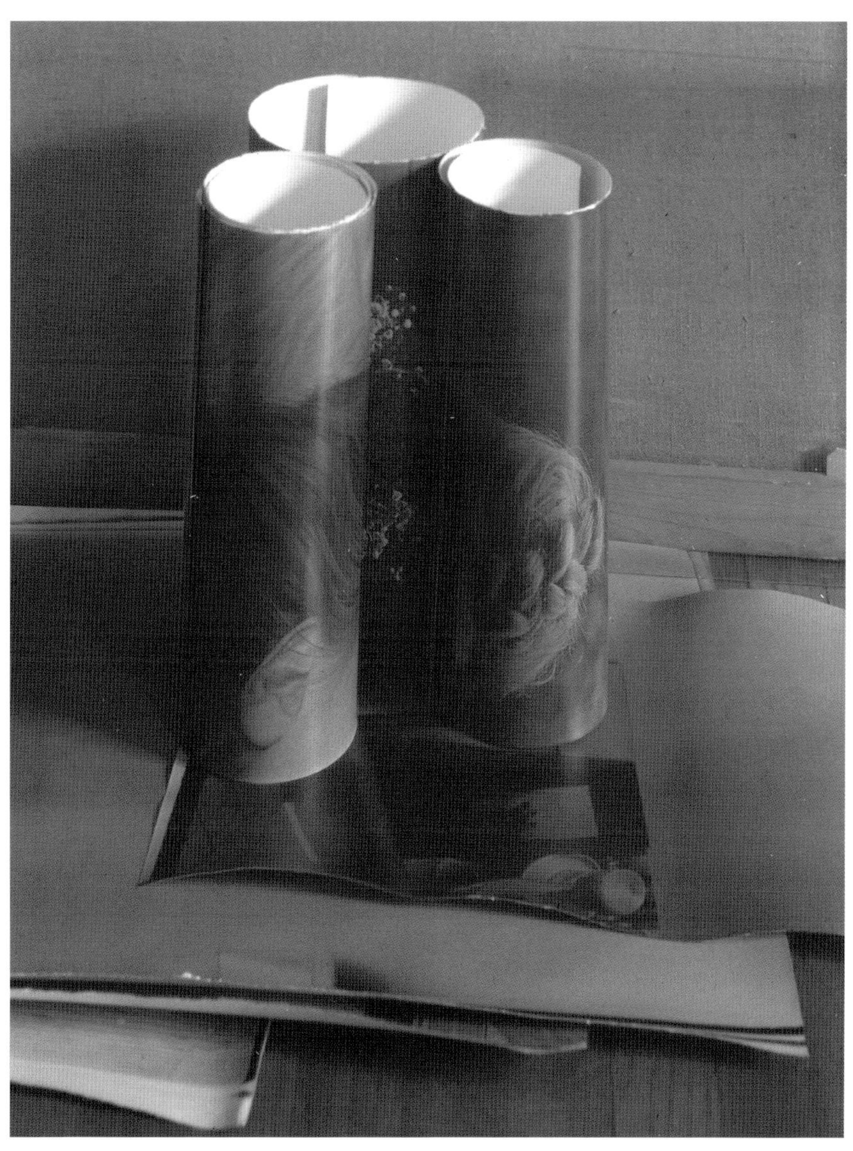

49 **Prepicture V / Předobraz V** 1971

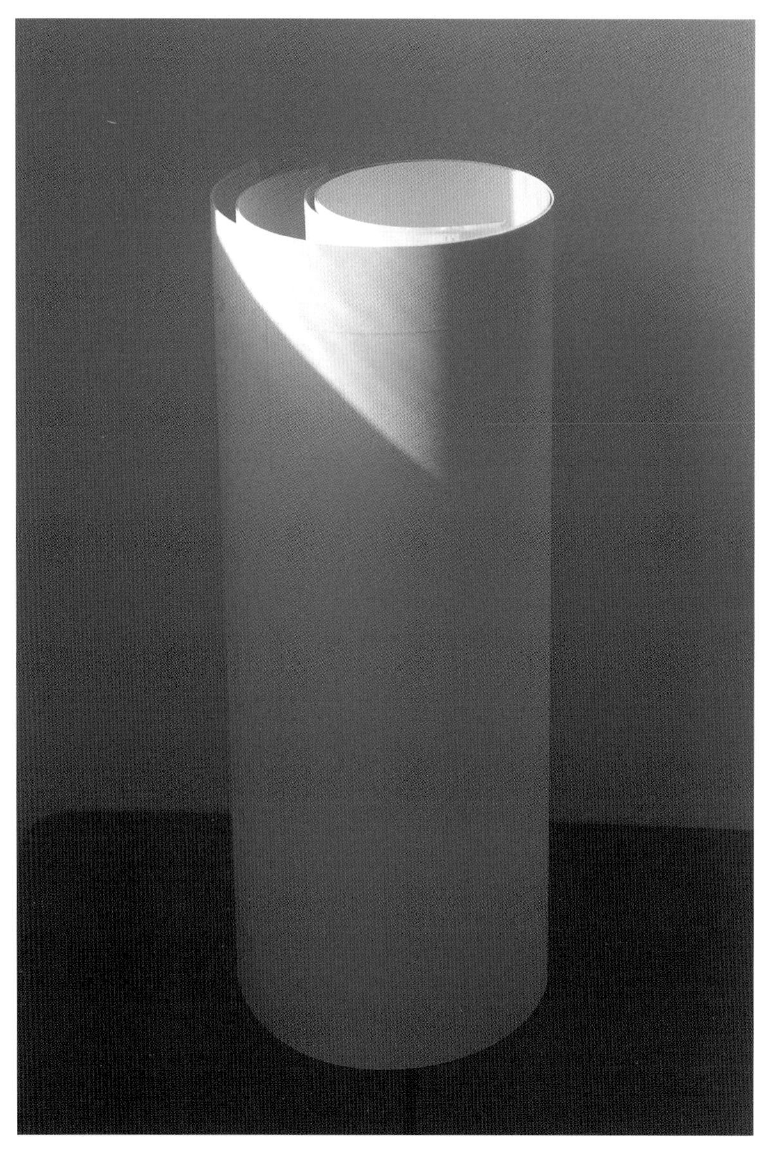

50 **A Picture That Will Not Return III / Obraz, který se nevrátí III** 1971

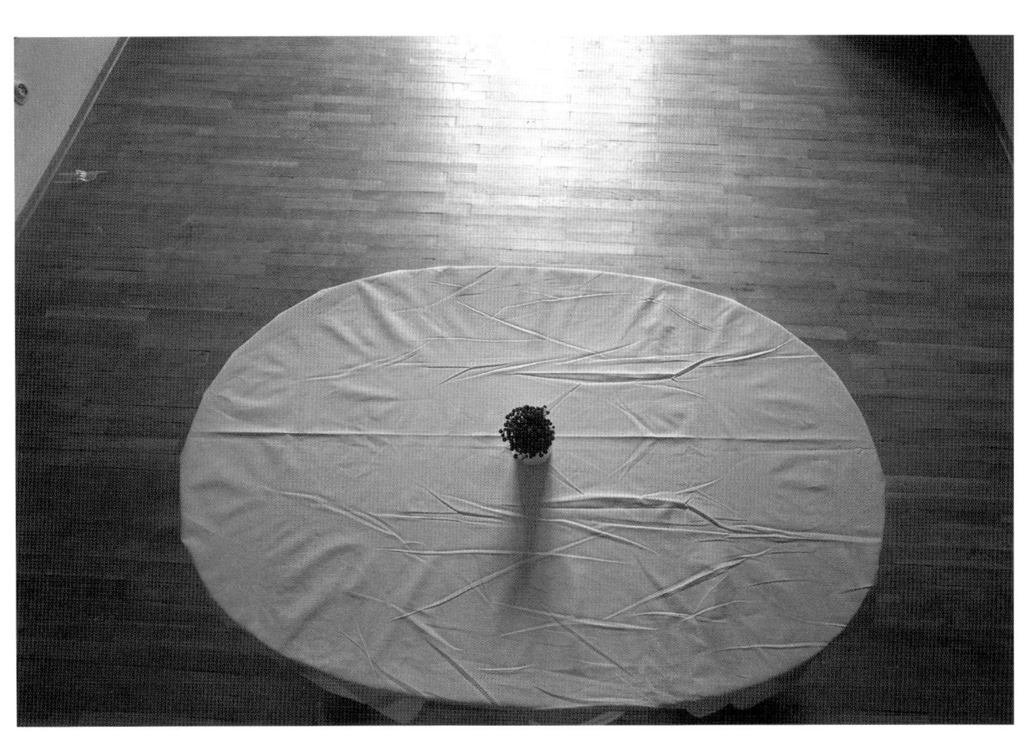

51 **Table III / Stůl III** 1970

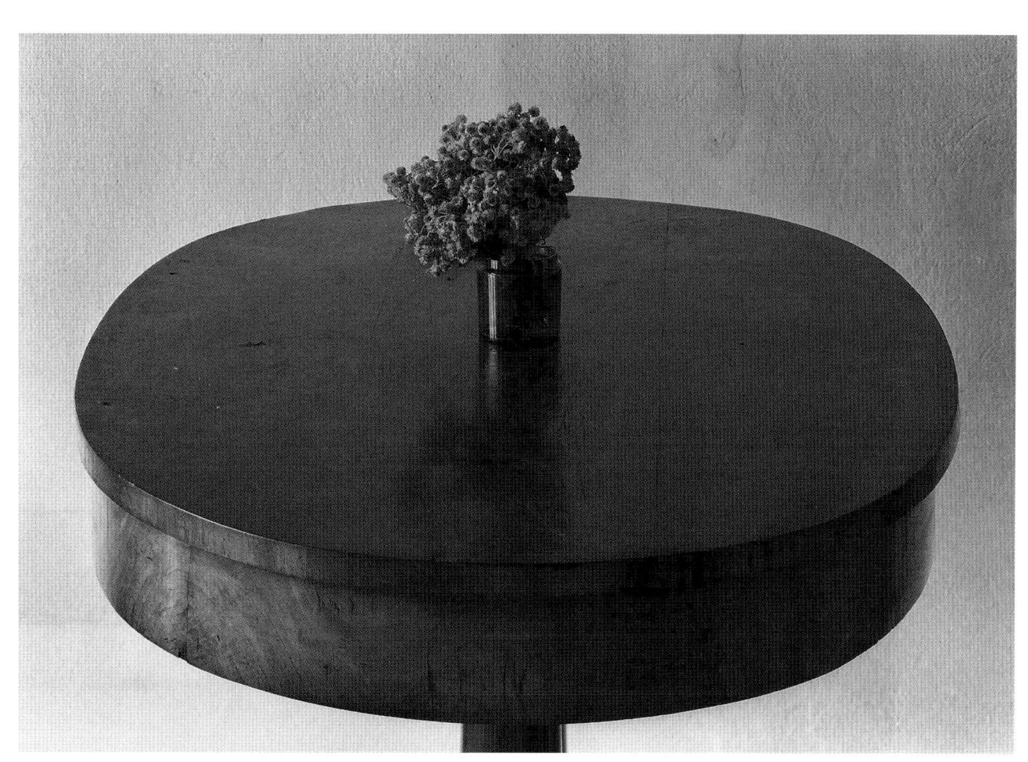

52 **Table XXXIII / Stůl XXXIII** 1971

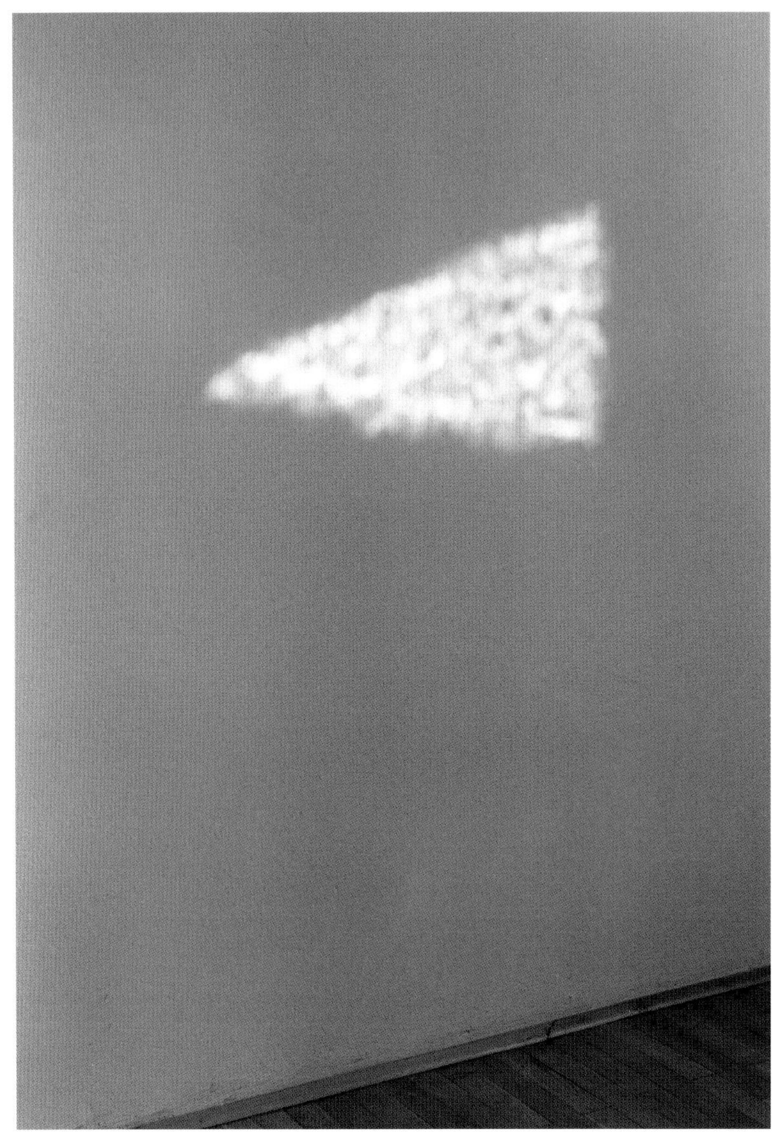

53 **Blue Picture / Modrý obraz** 1972

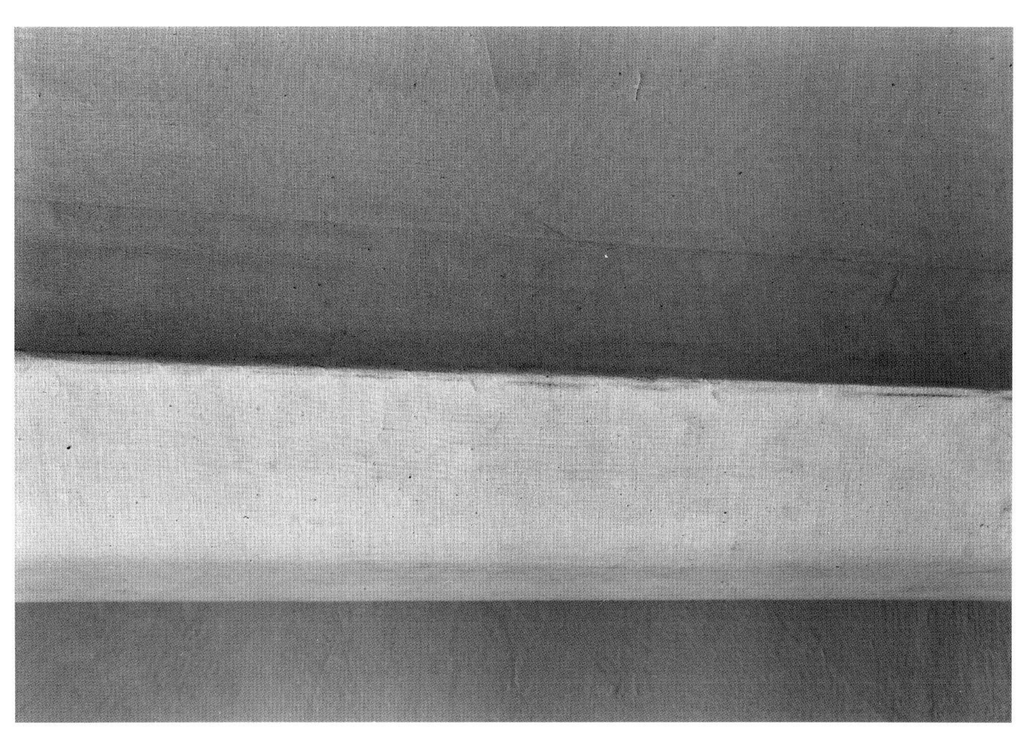

54 **Pink Landscape / Růžová krajina** 1972

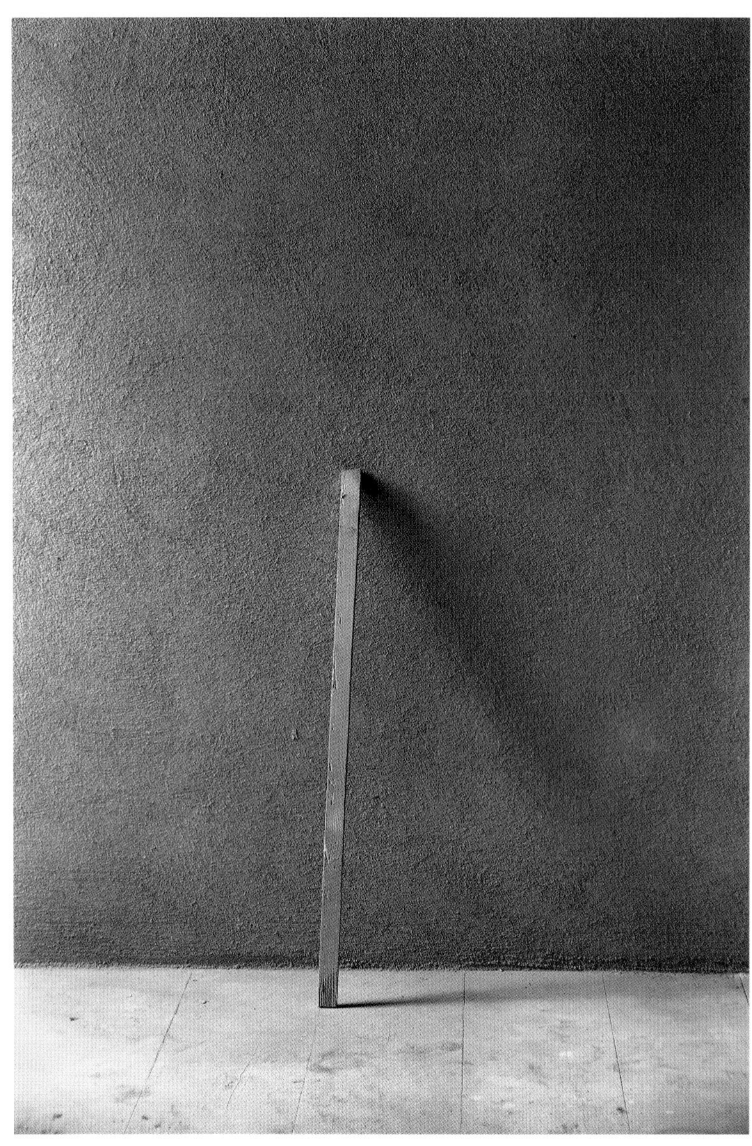

55 **Space for a Pink Picture / Prostor pro růžový obraz** 1972

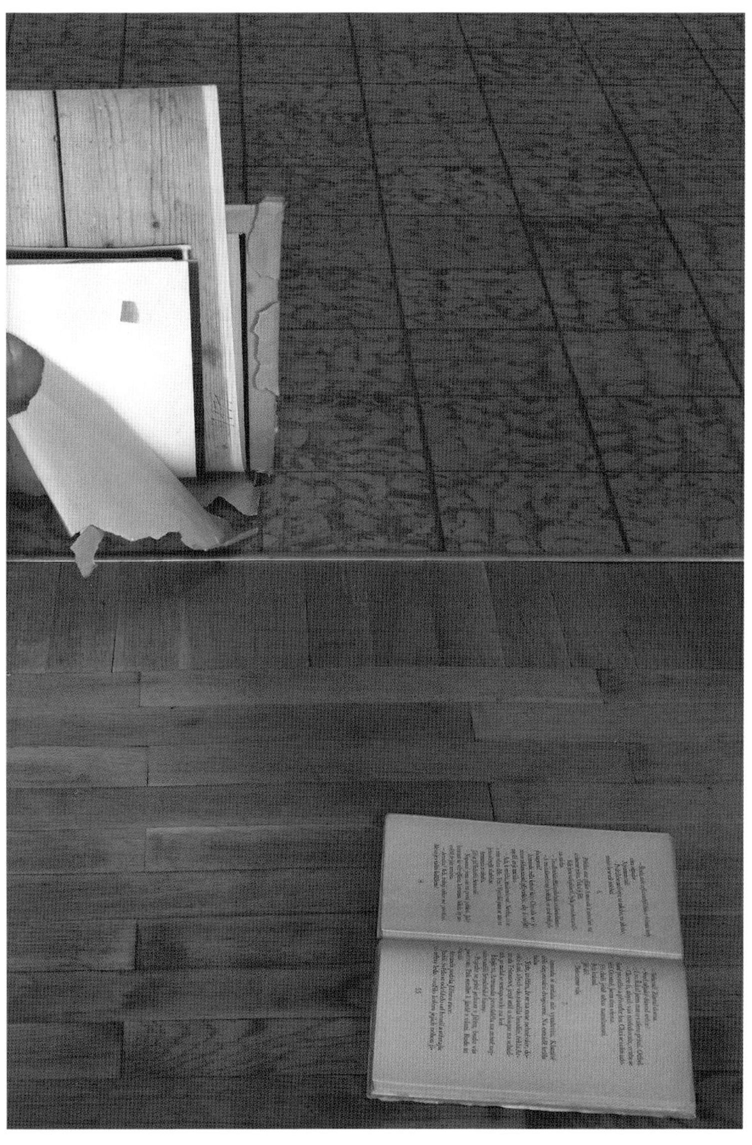

56 **Prepicture VI / Předobraz VI** 1971

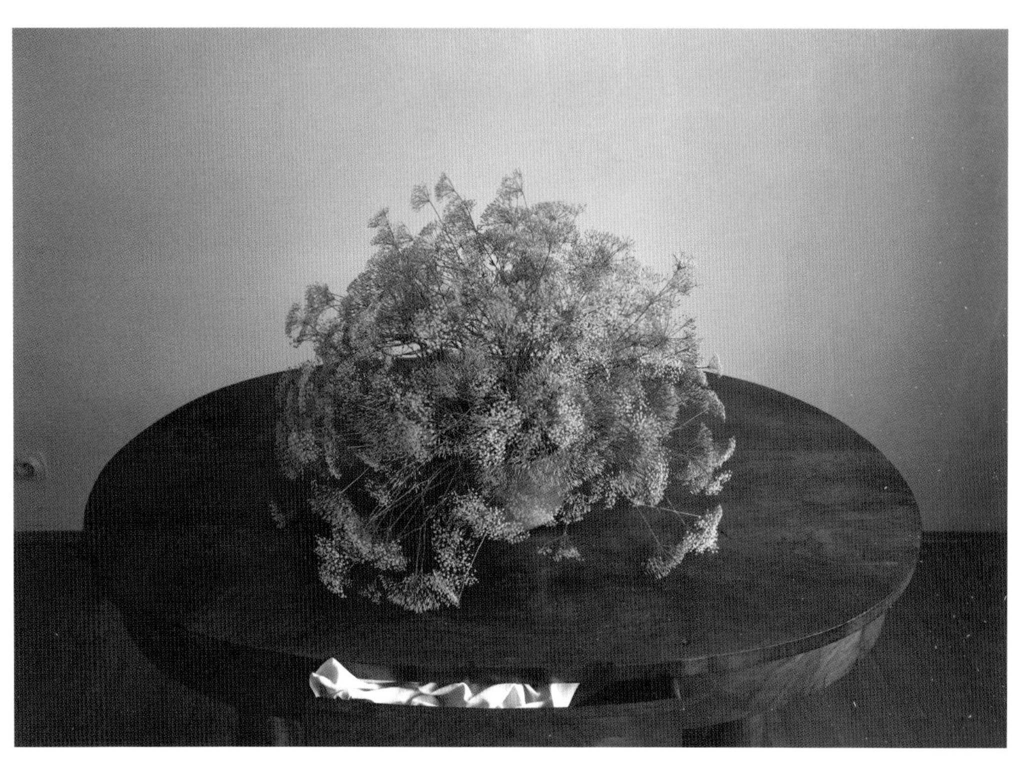

57 **Table XX / Stůl XX** 1971

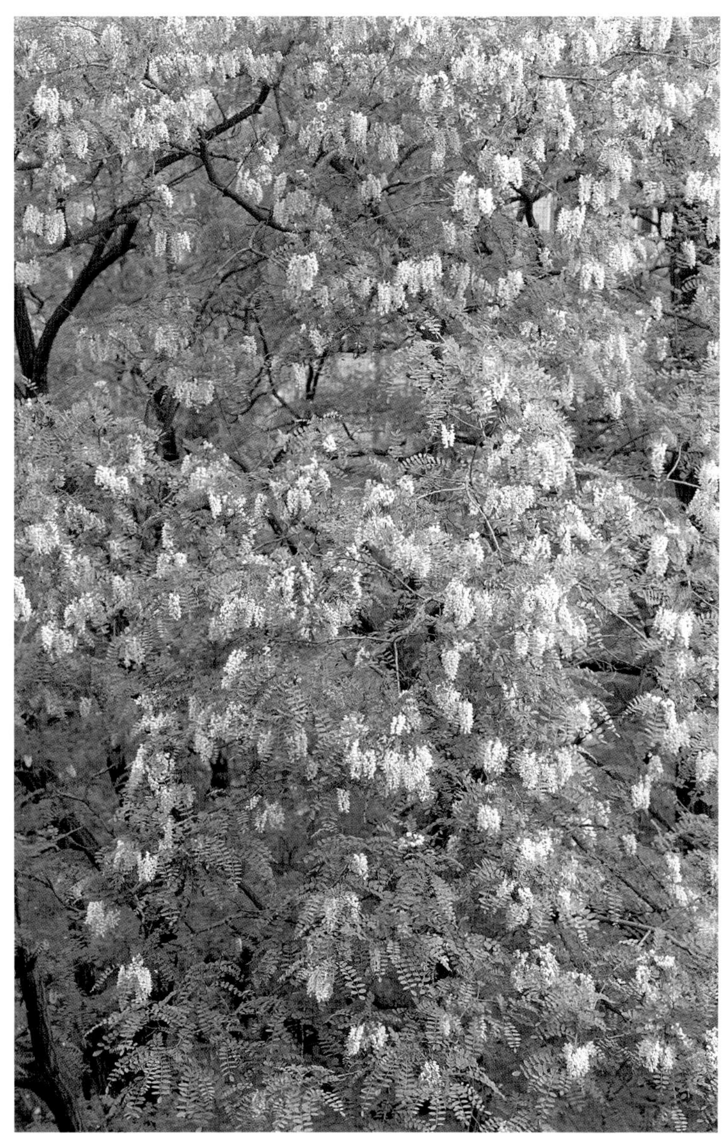

58 **View from a Window XII / Pohled z okna XII** 1972

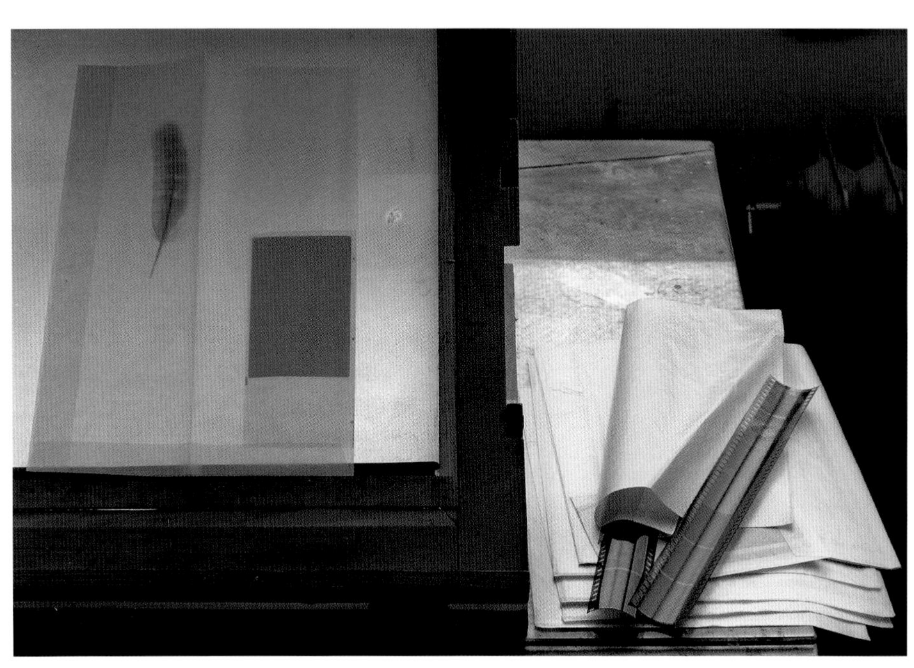

59 **Prepicture XVII, After Bayard / Předobraz XVII, Podle Bayarda** 1972

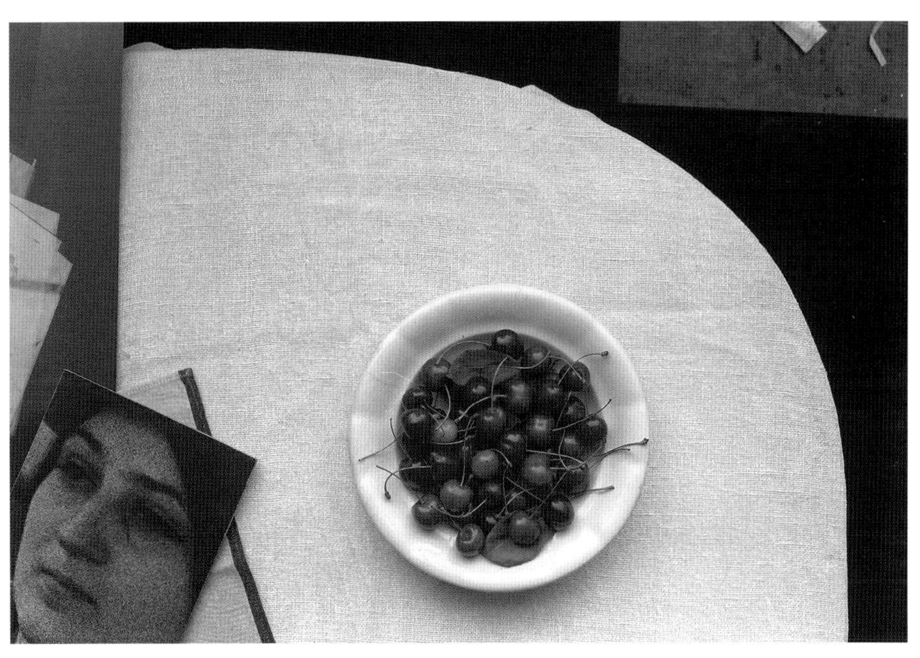

60 **From the *Quarter of a Table* series / Z cyklu Čtvrtina stolu** 1975

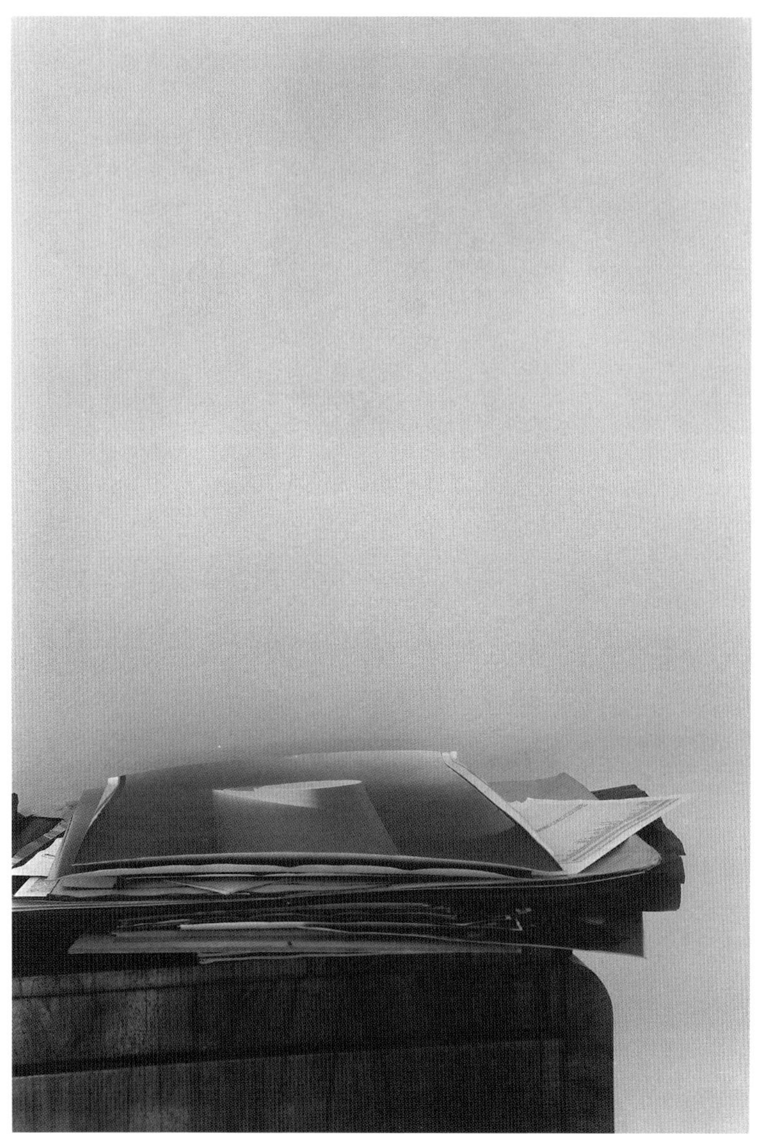

61 **Prepicture XVI, Photographs for My Lady / Předobraz XVI, Fotografie pro moji paní** 1972

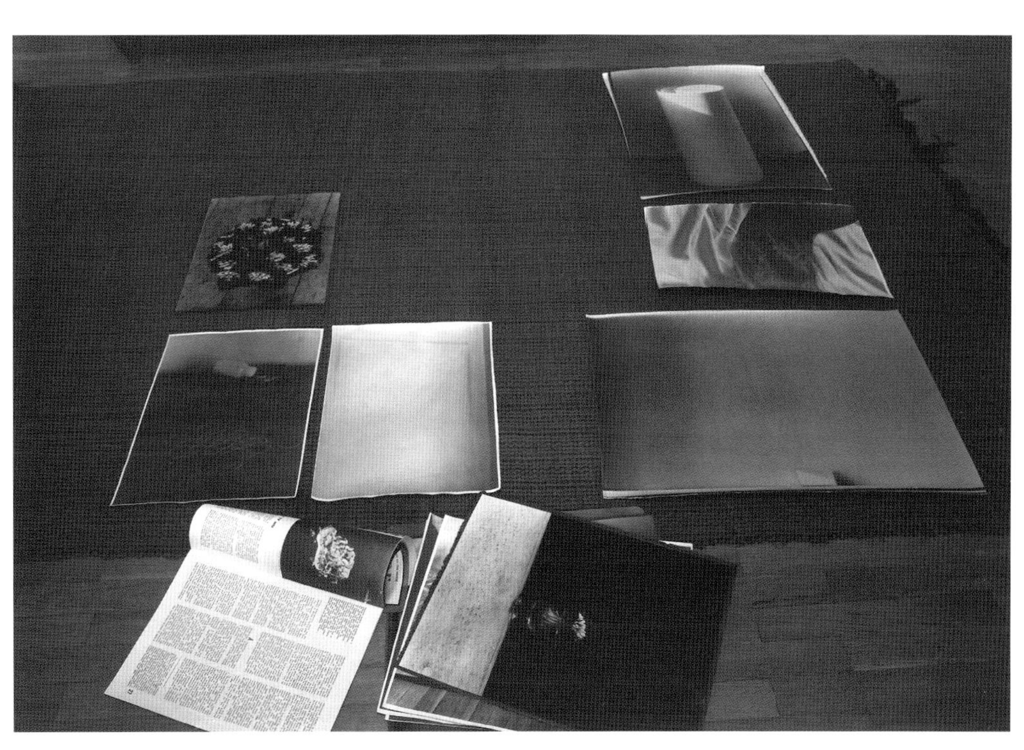

62 **An Attempt at the Ideal Proportion II / Pokus o ideální proporci II** 1971

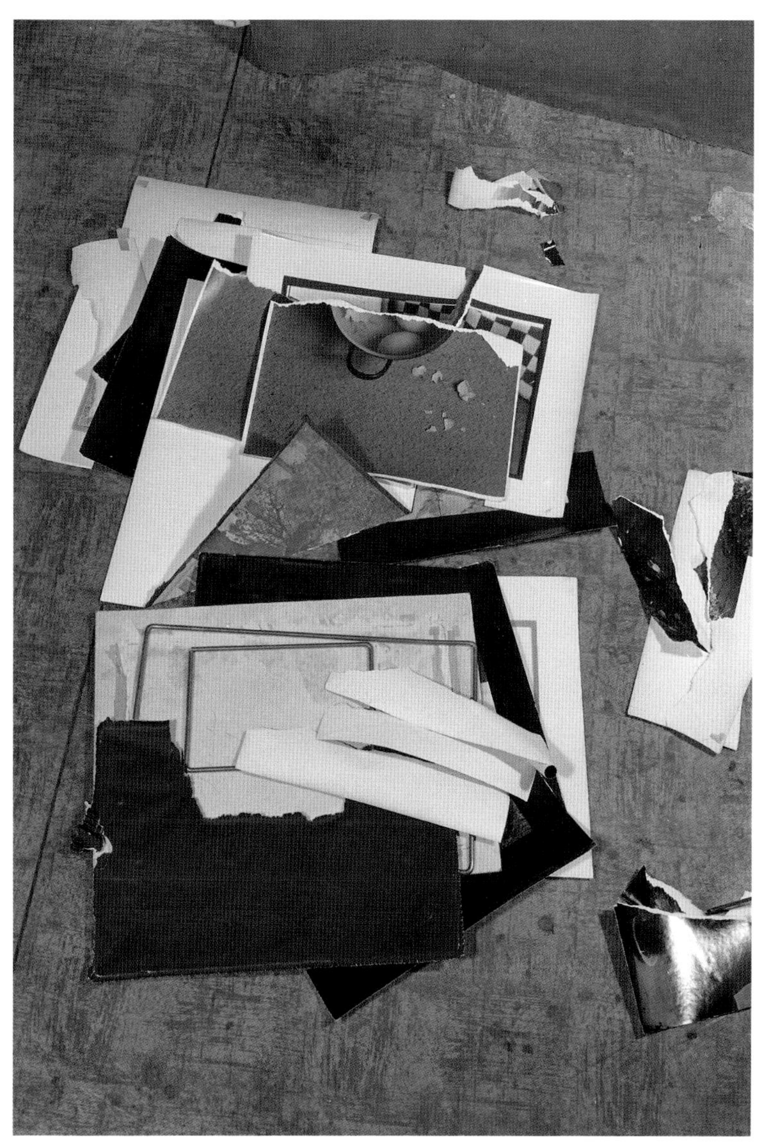

63 **A Picture That Will Not Return XXXV / Obraz, který se nevrátí XXXV** 1972

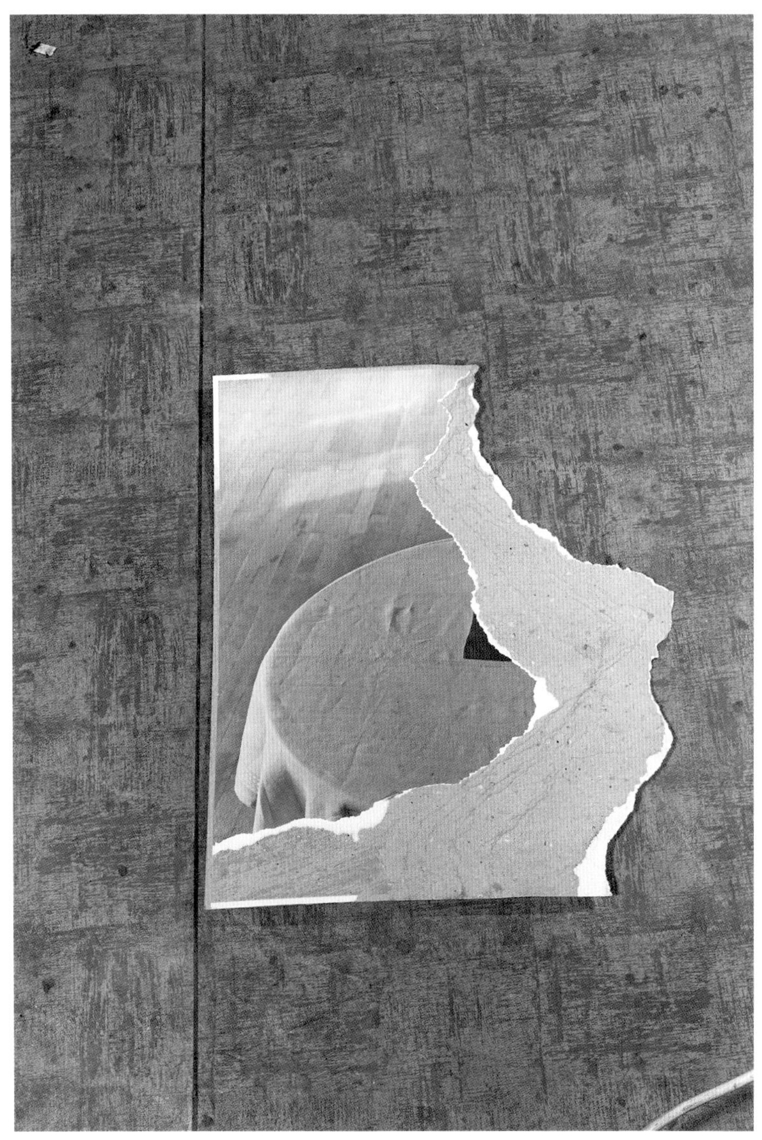

64 **Fragment of a Table III / Fragment stolu III** 1973

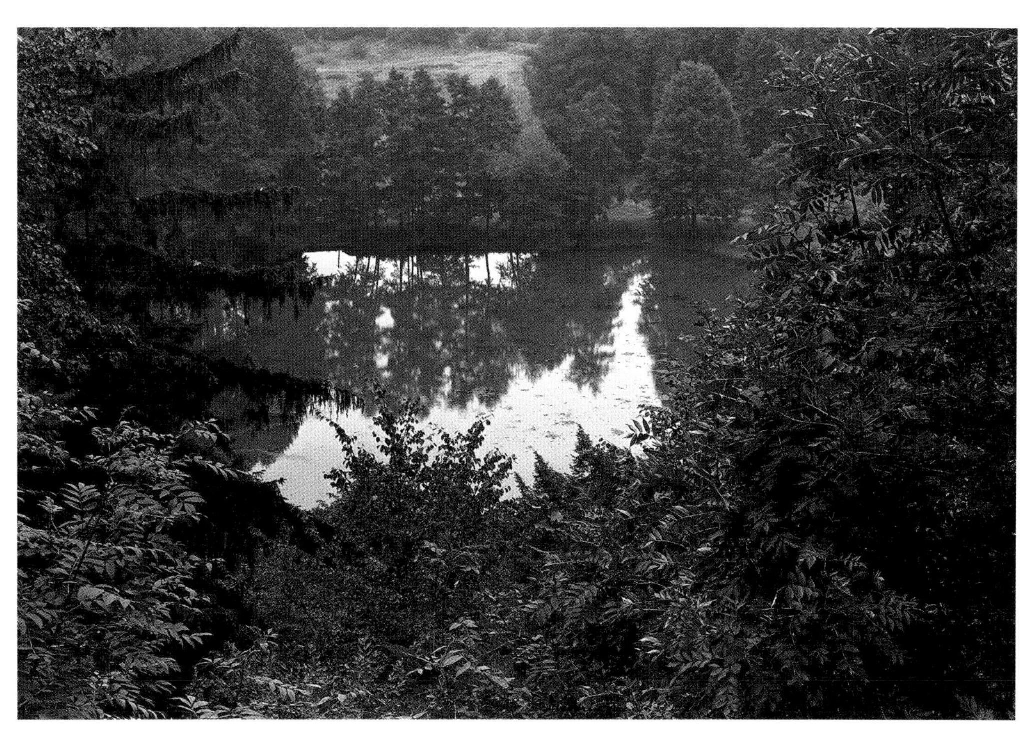

65 **View from a Focusing Screen / Pohled z matnice** 1973

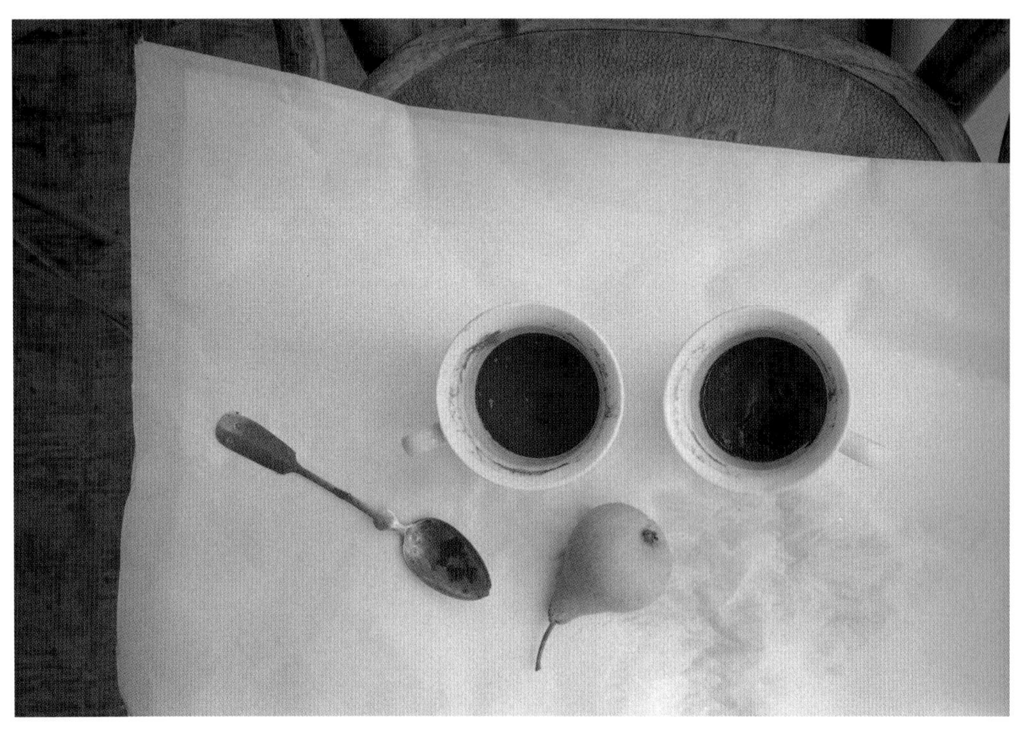

66 **Seventh Photograph for H. B. / Sedmá fotografie pro H. B.** 1974

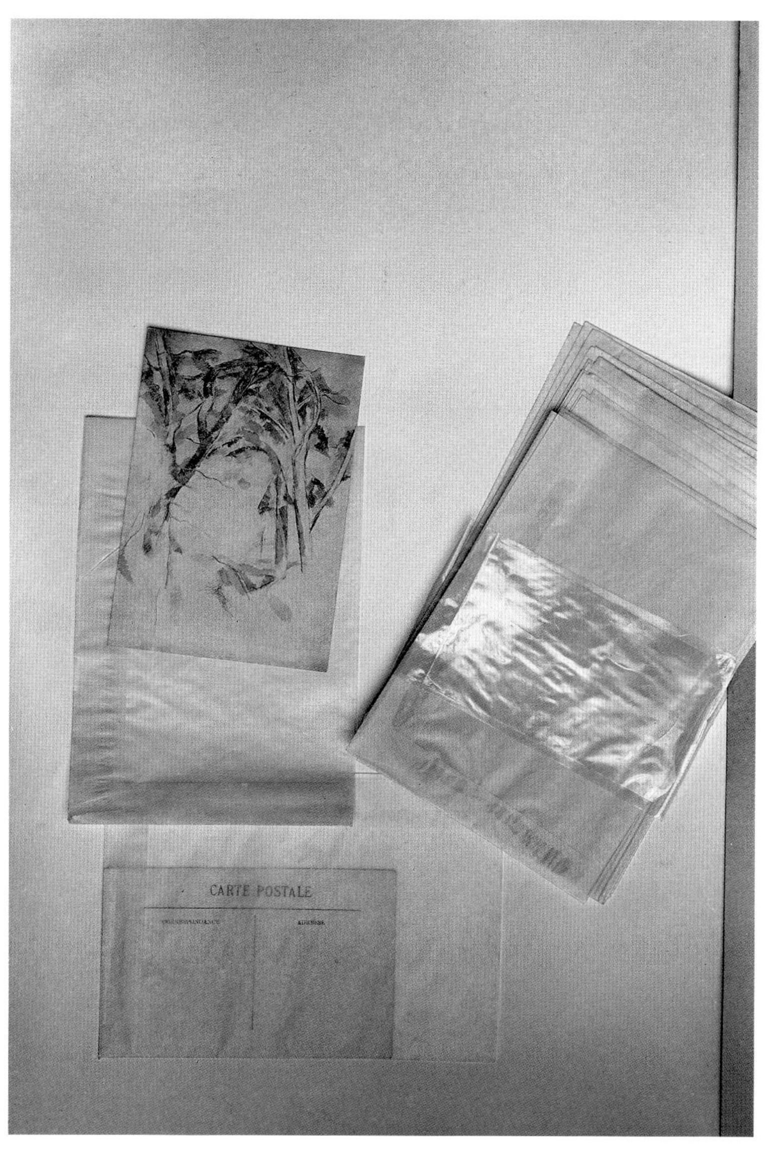

67 **First Photograph for an Unknown Lady / První fotografie pro neznámou** 1974

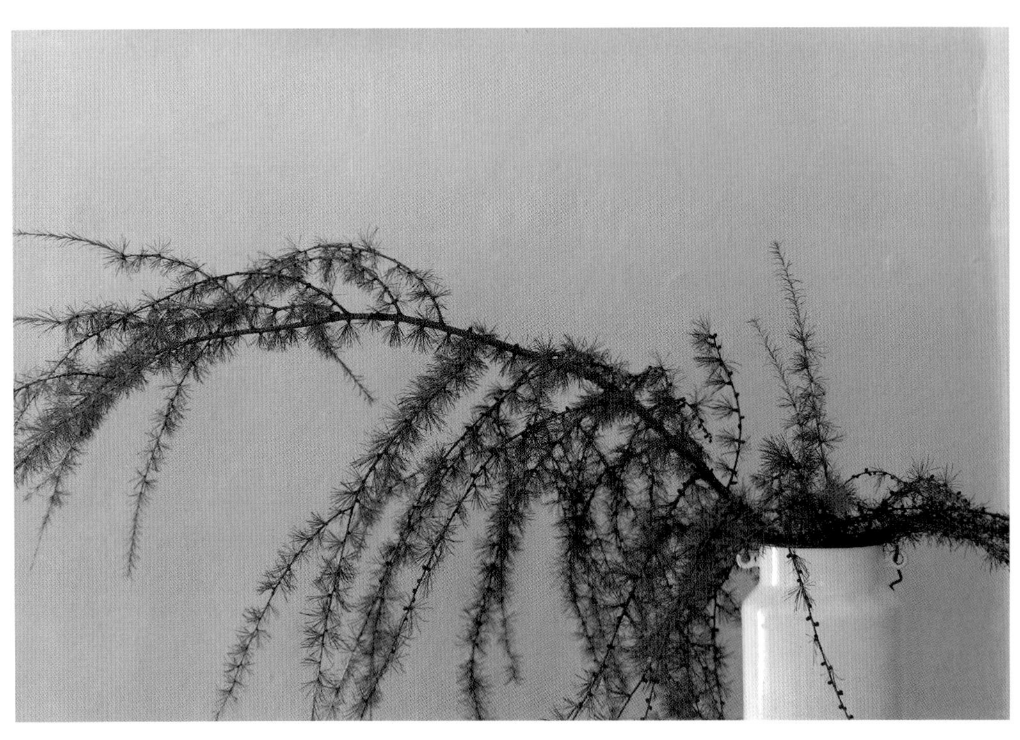

68 **From Lemberk / Z Lemberka** 1974

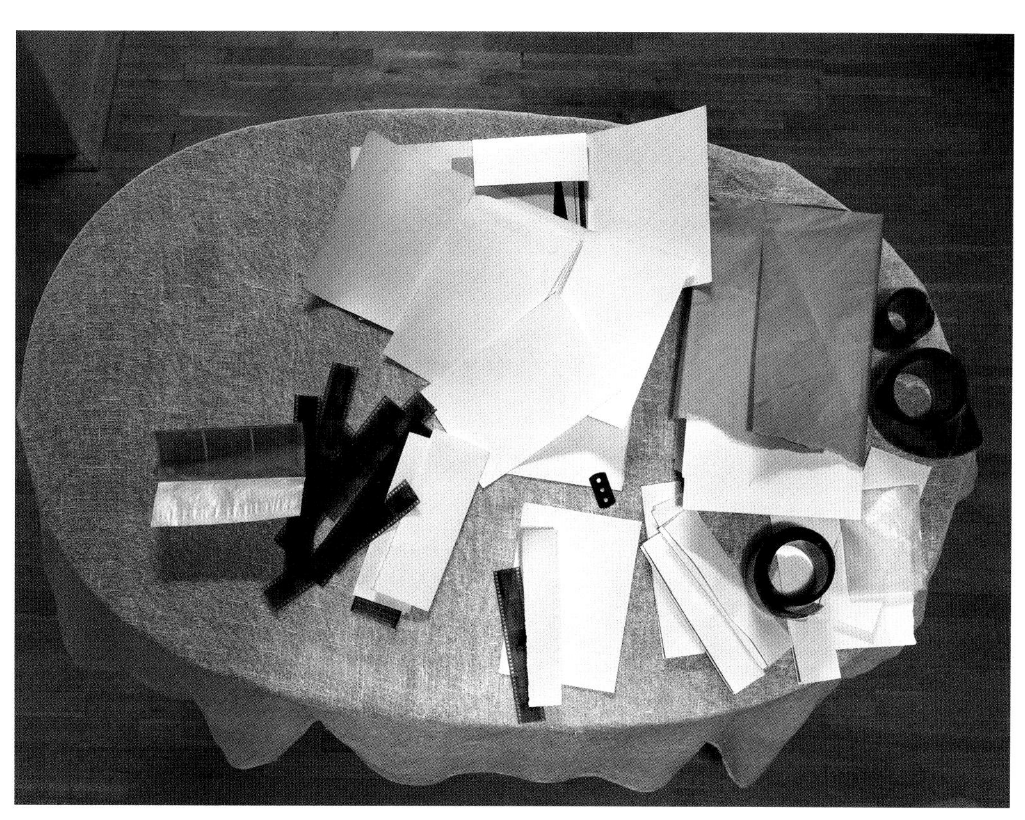

69 **Late at Night / Pozdě v noci** 1982

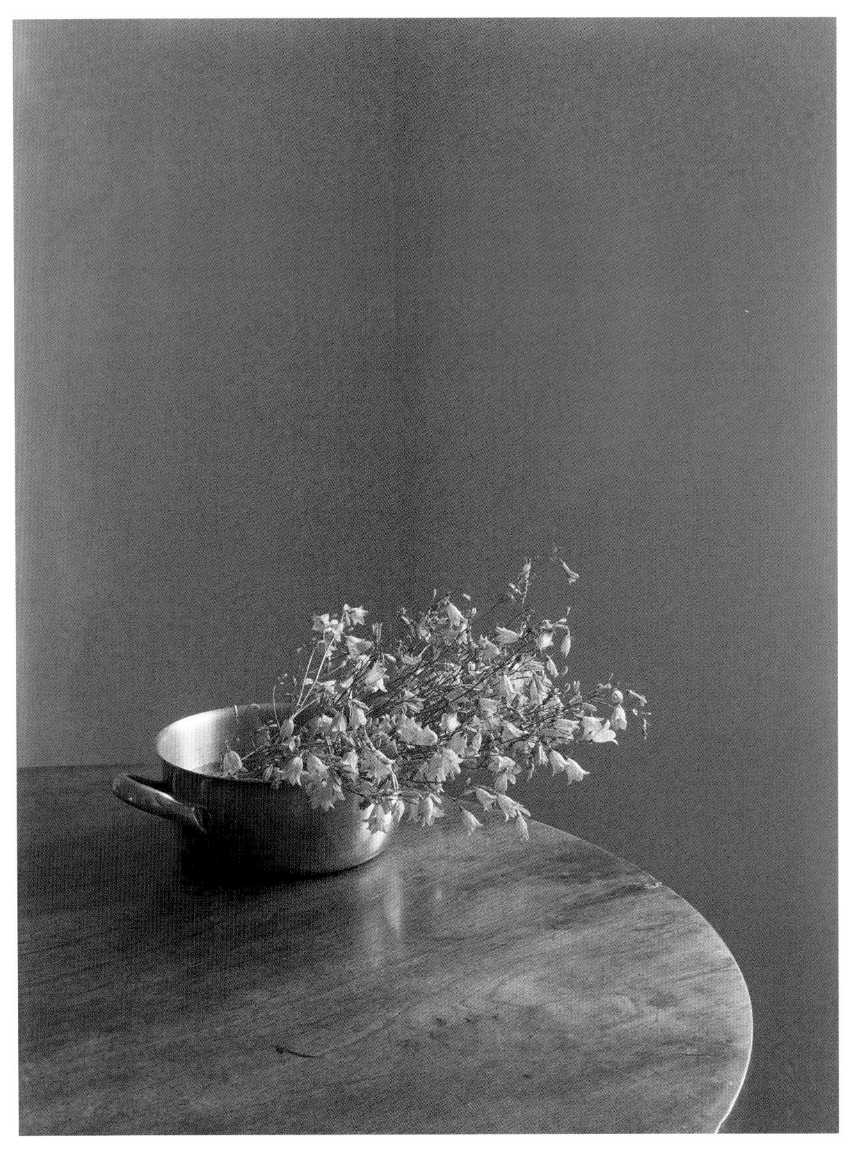

70 **From the *Quarter of a Table* series / Z cyklu Čtvrtina stolu** *c.* 1975

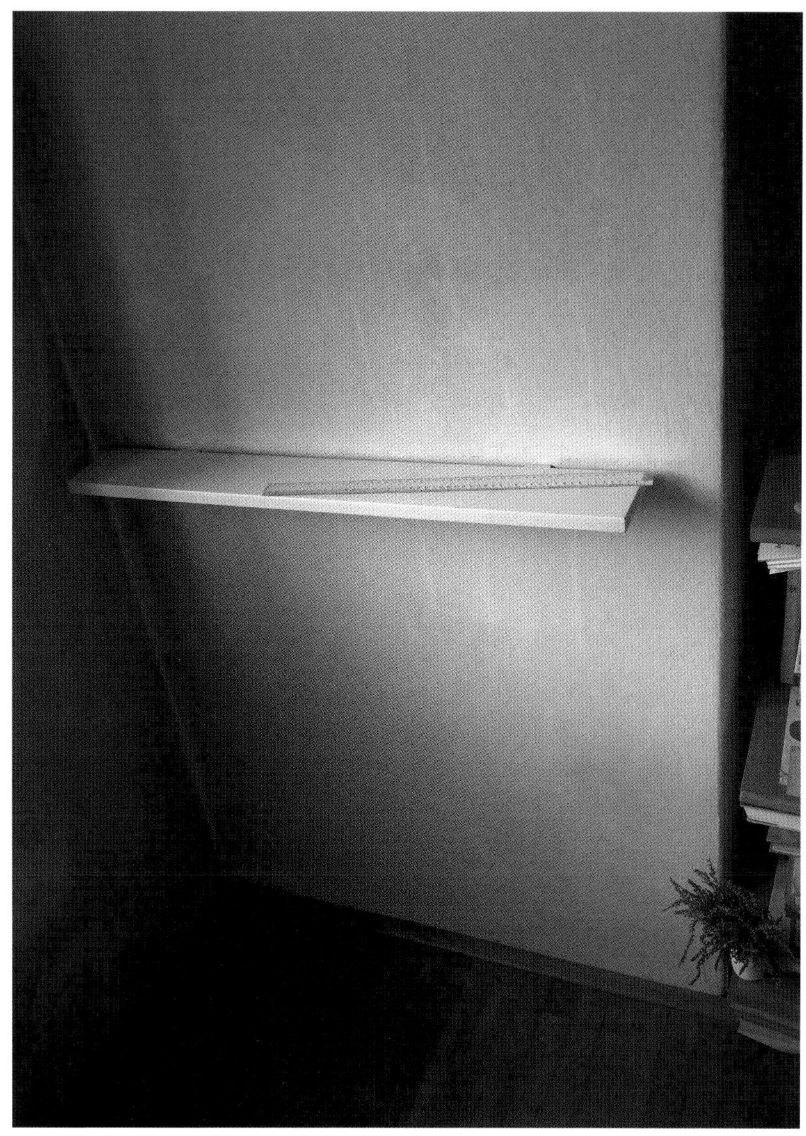

71 **Ruler / Pravítko** 1975–76

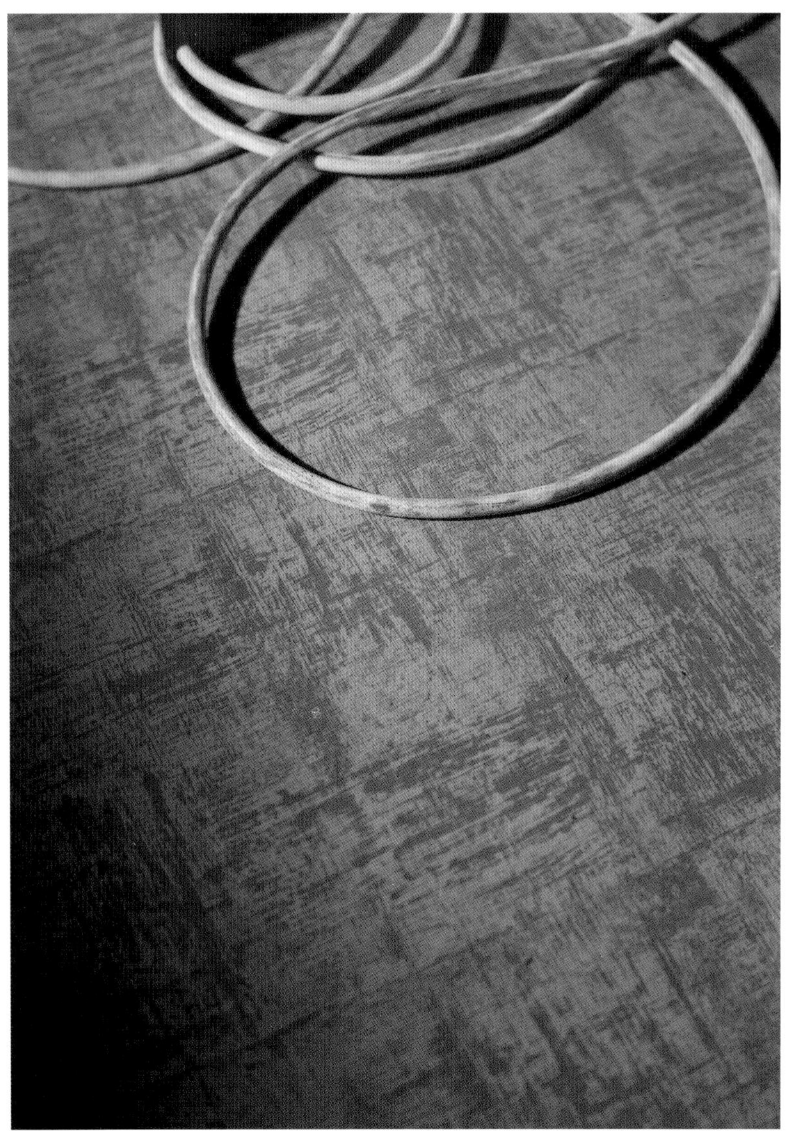

72 **Untitled / Bez názvu** 1976–77

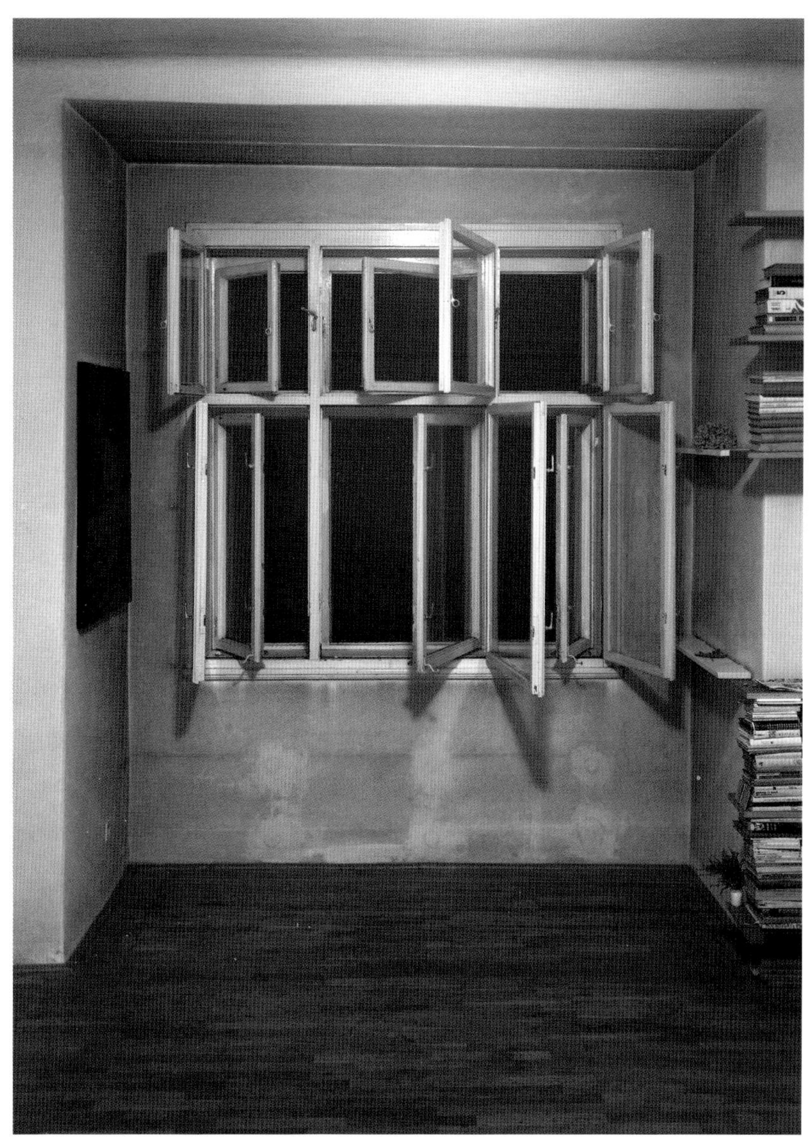

73 **Late at Night / Pozdě v noci** 1975

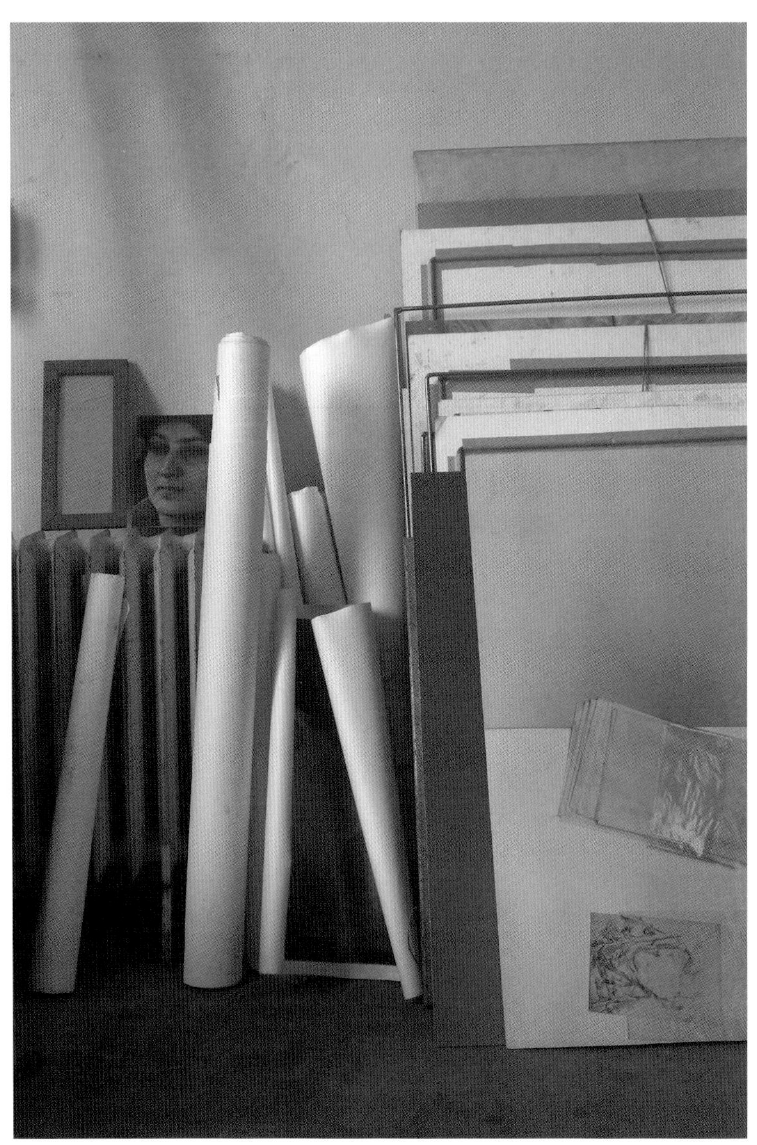

74 **Studio / Ateliér** 1976

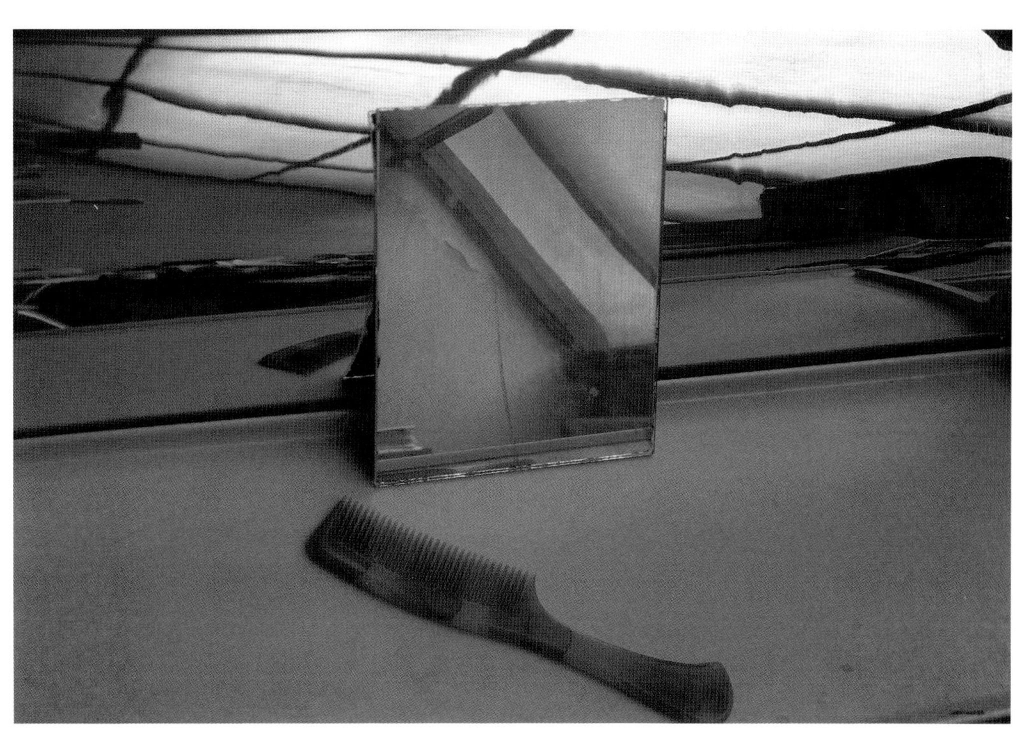

75 **Fake Space III, Mirror / Falešný prostor III, Zrcátko** 1975

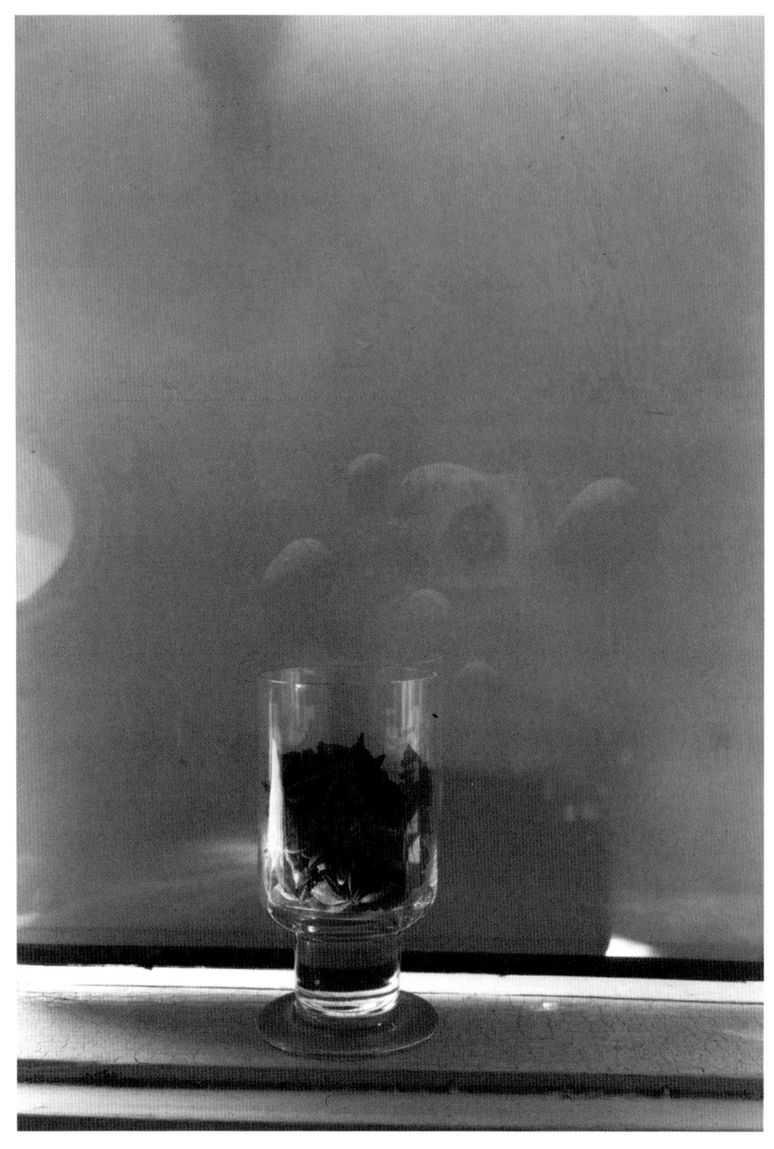

76 **Untitled / Bez názvu** *c.* 1970

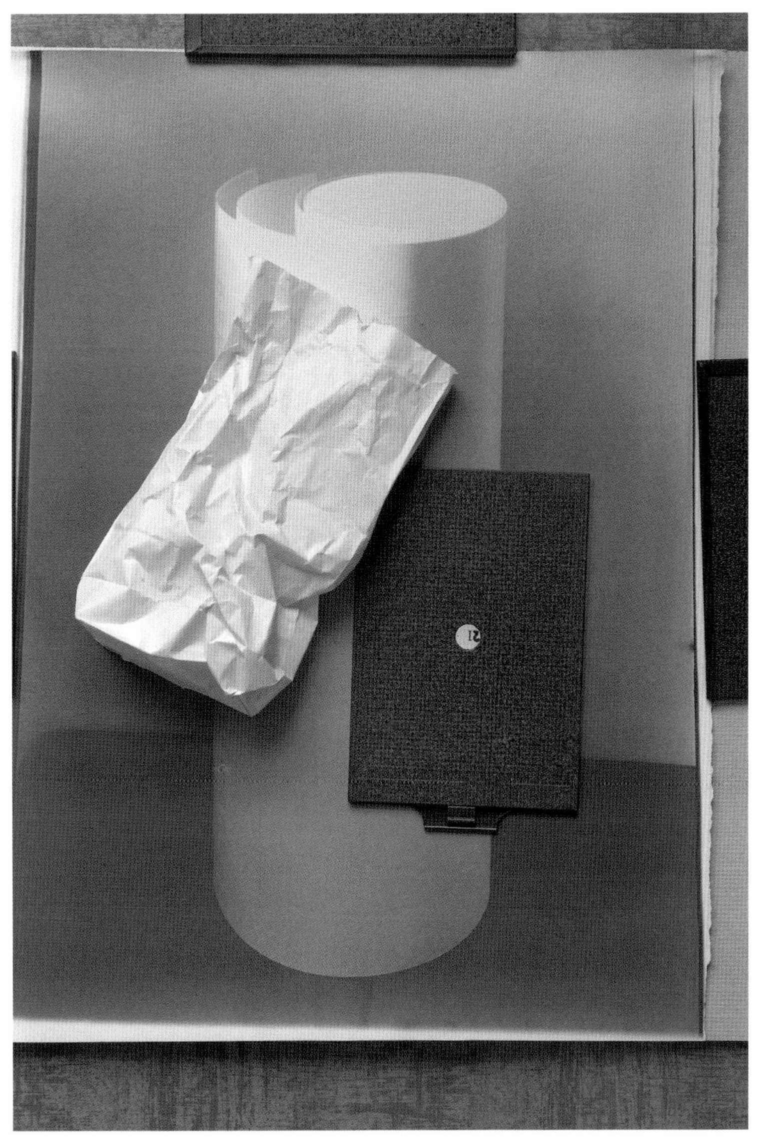

77 **Untitled / Bez názvu** 1980s / 80. léta

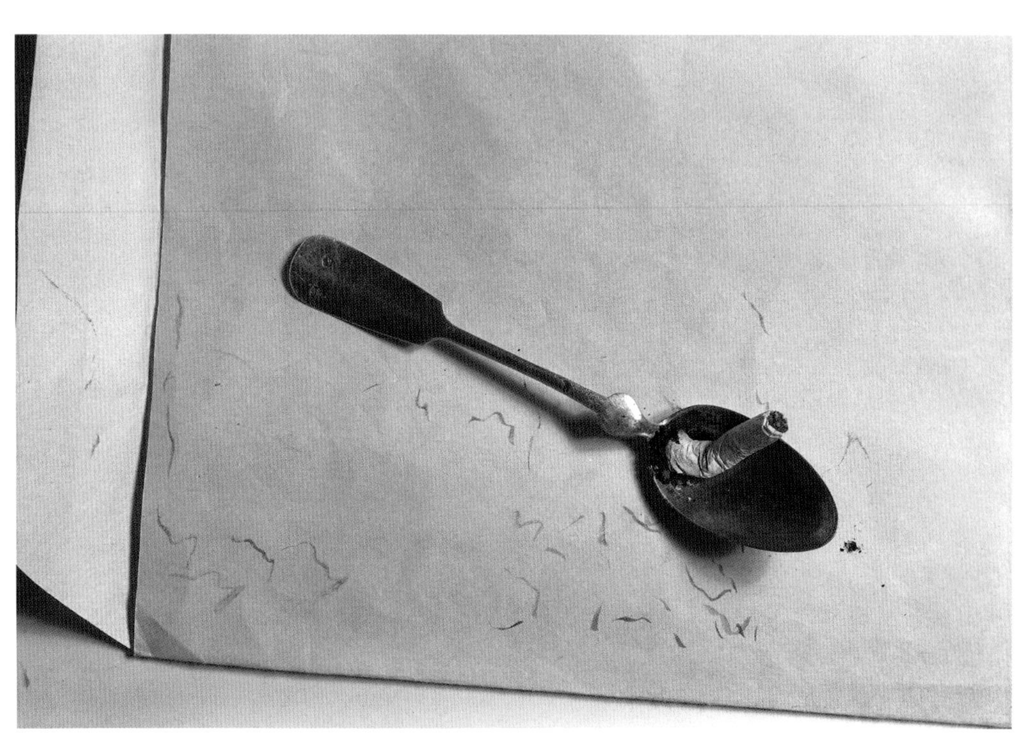

78 **On the Table I / Na stole I** 1976

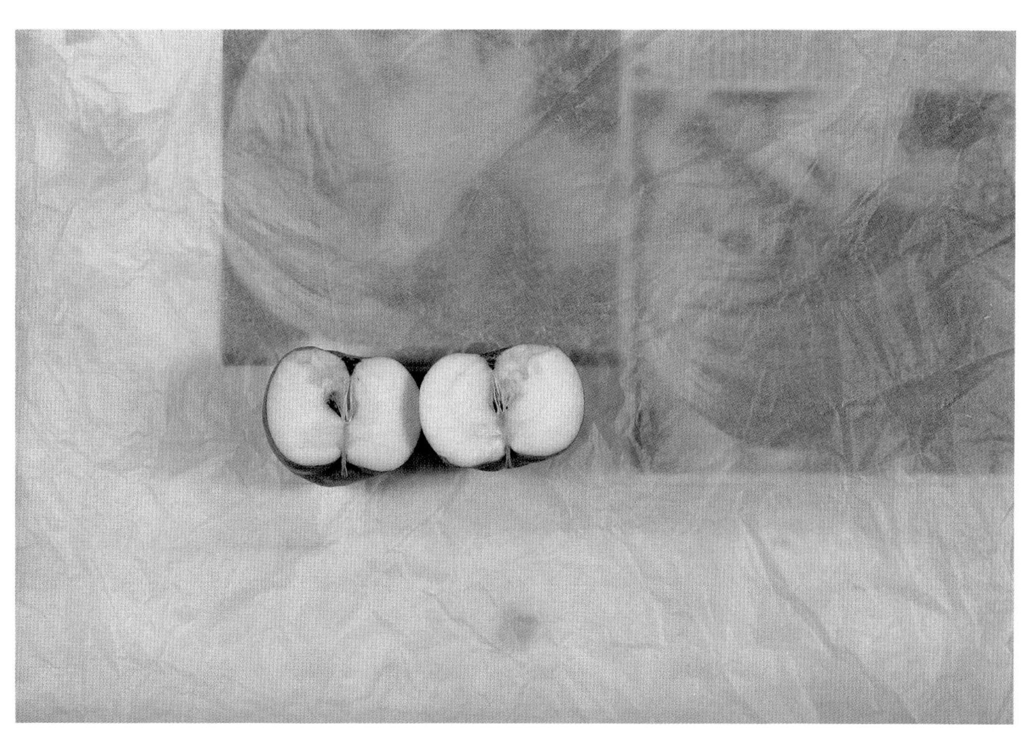

79 **Three Pairs / Tři dvojice** 1985

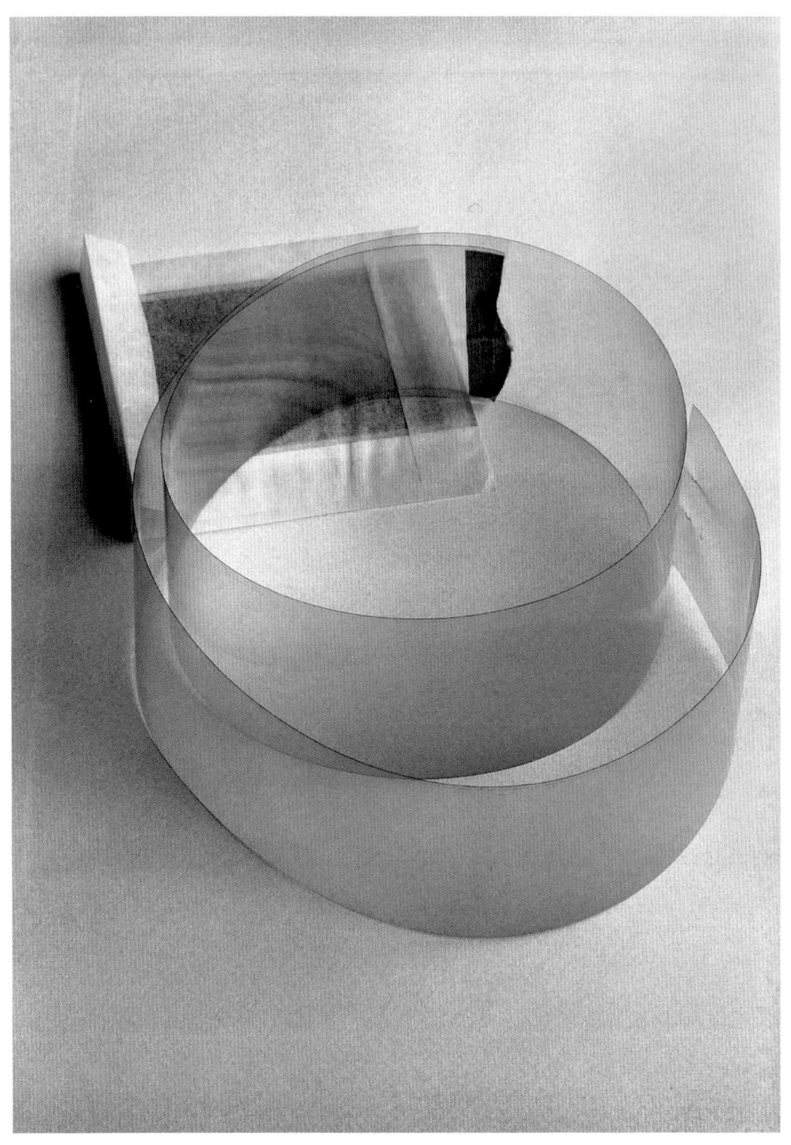

80 **Film** 1981

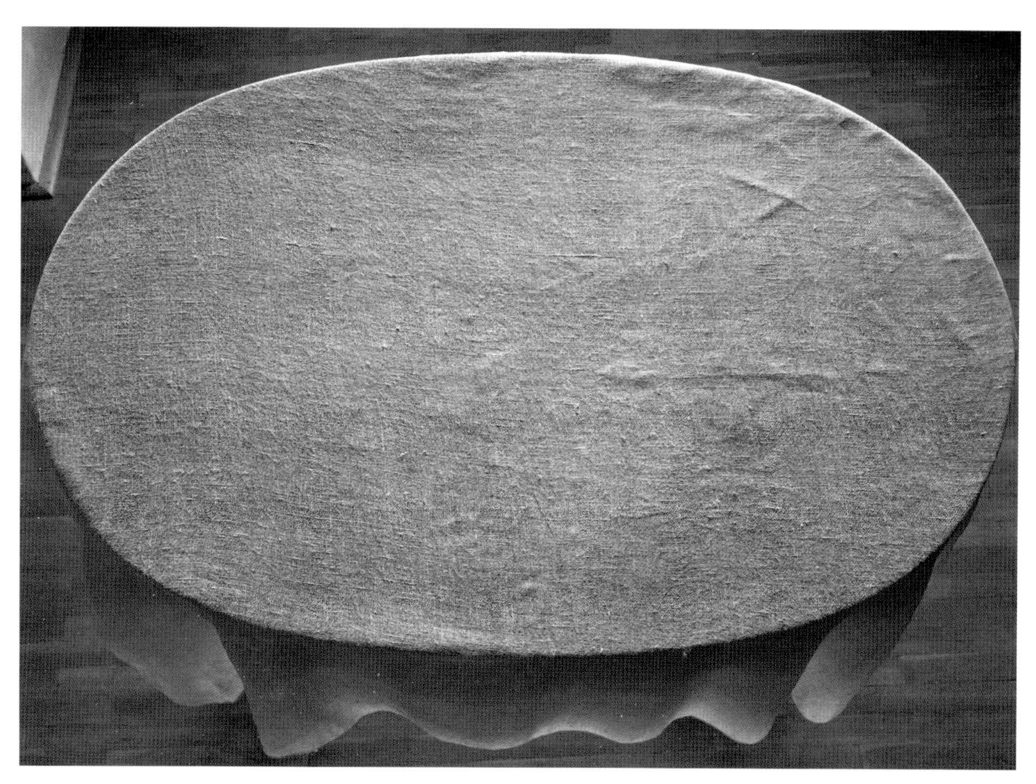

81 **Ground Plan of a Table (Variation) / Půdorys stolu (Variace)** 1982

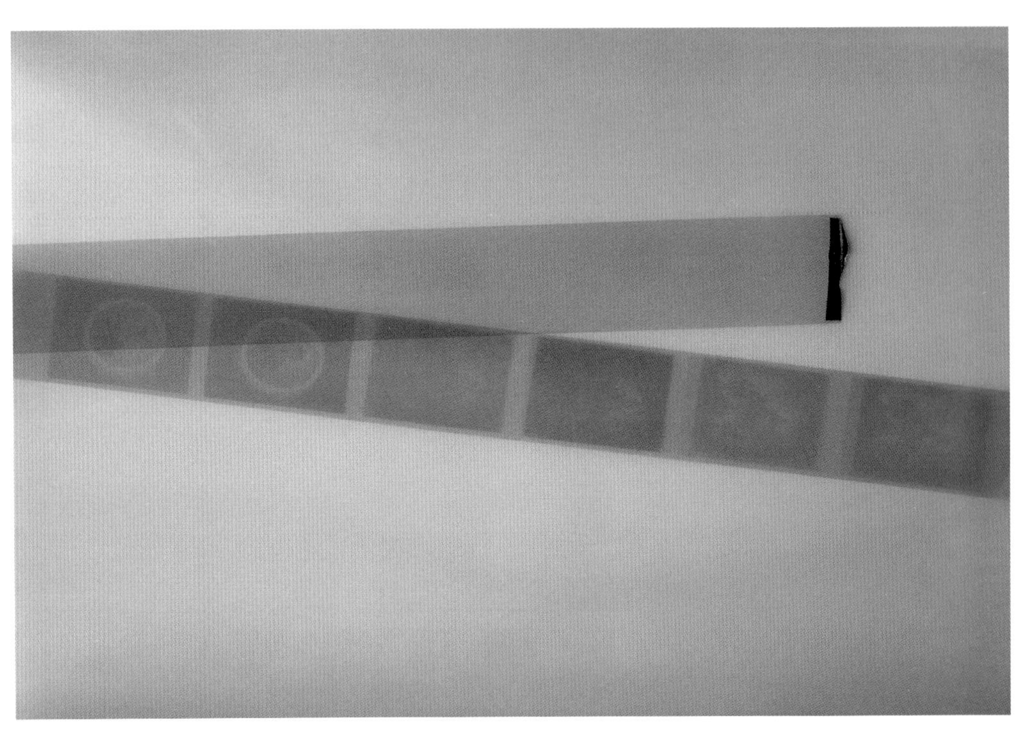

82 **Negatives / Negativy** 1982

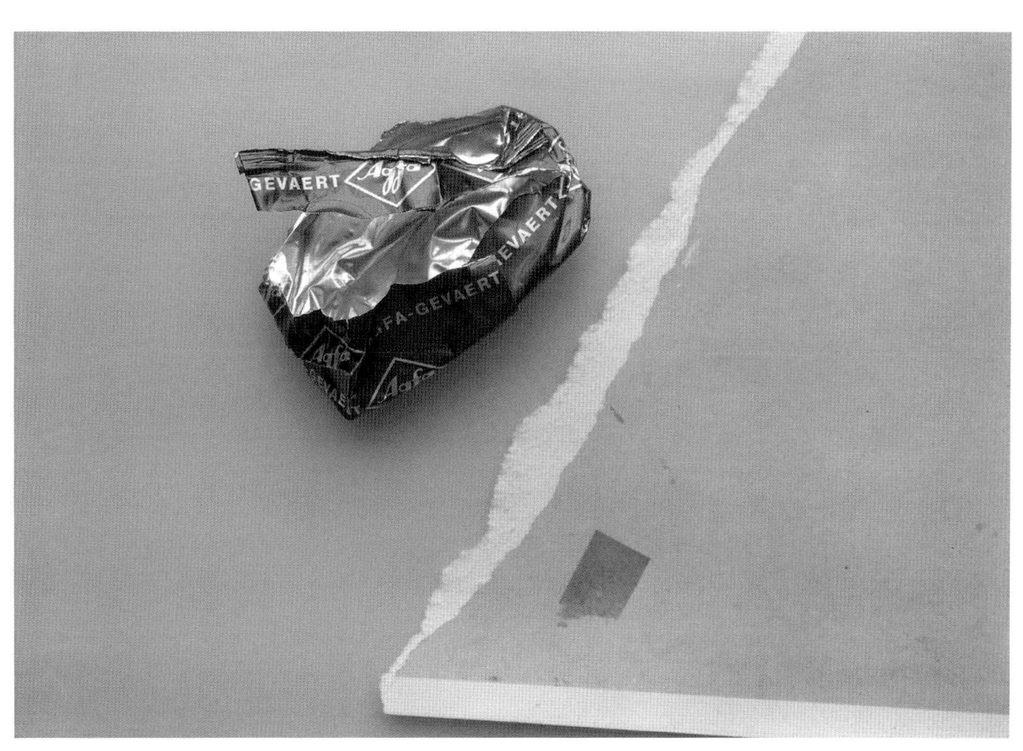

83 **On the Table (Still Life with Agfa) / Na stole (Zátiší s Agfou)** 1983

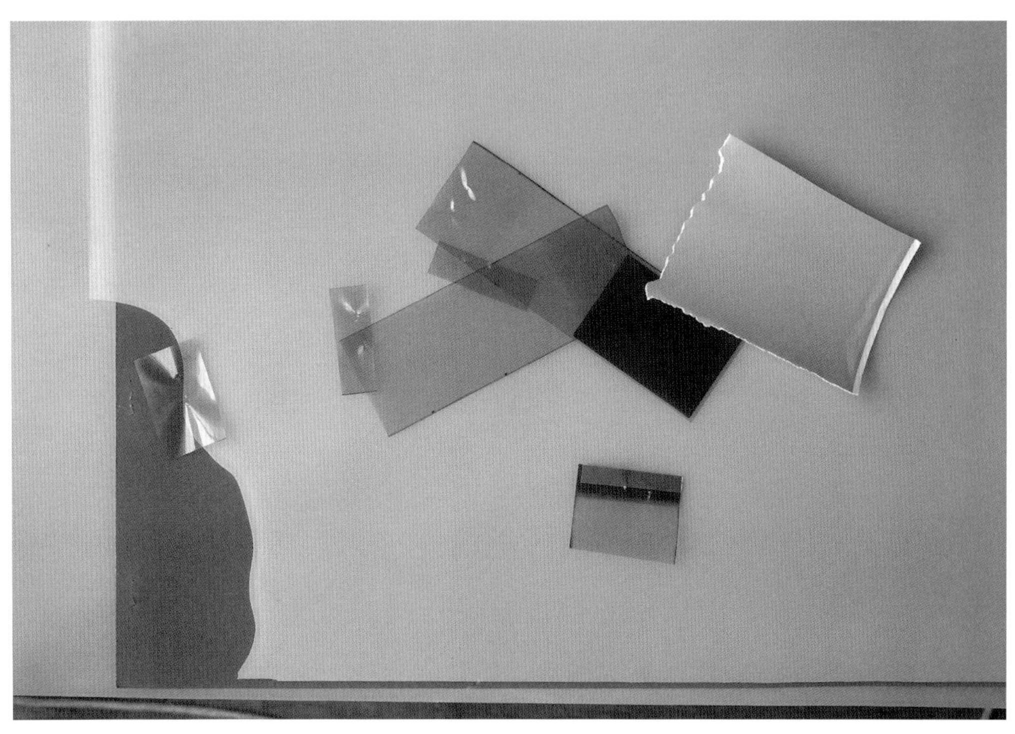

84 **Nostalgia / Stesk** 1983

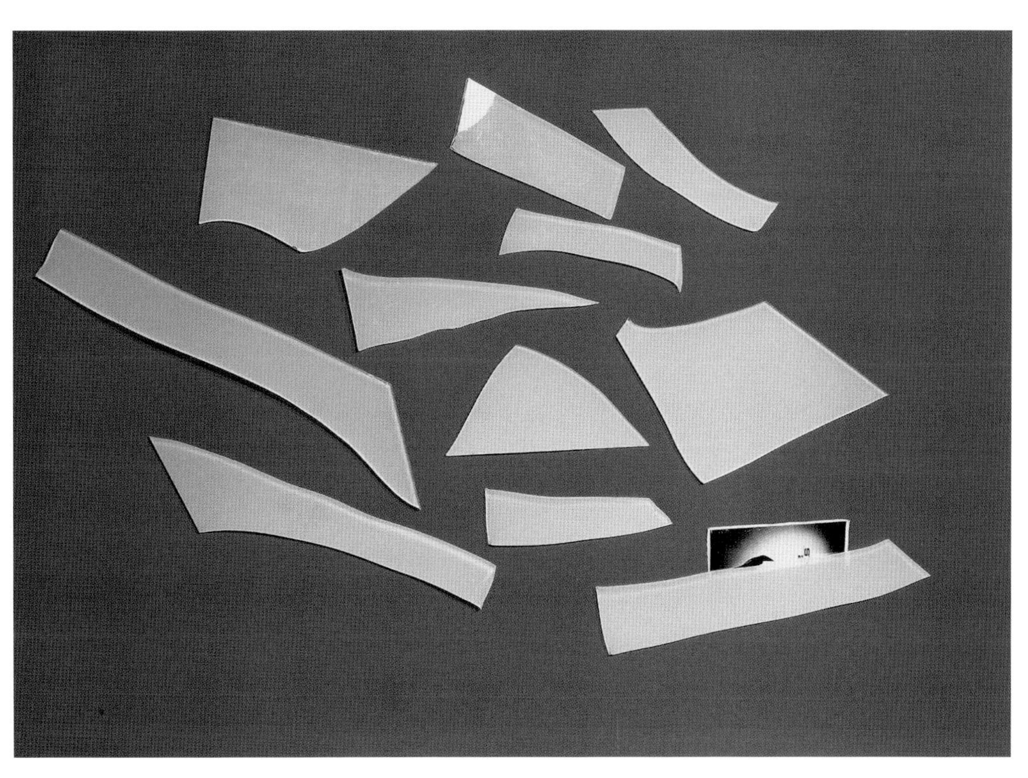

85 **Broken Focusing Screen / Rozbitá matnice** 1983

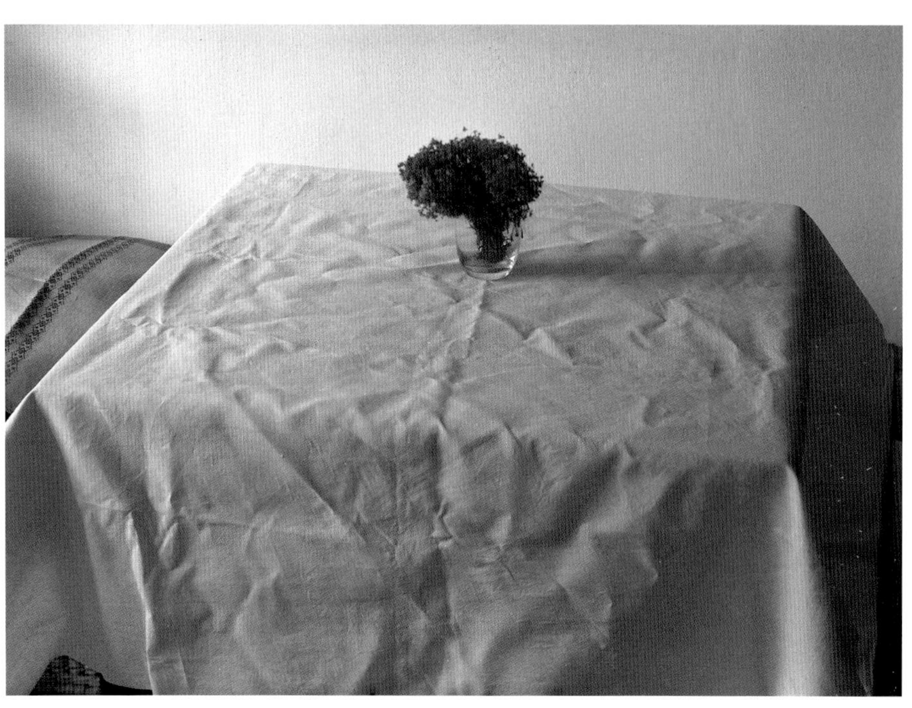

86 **A Dream about a Table / Sen o stole** 1985

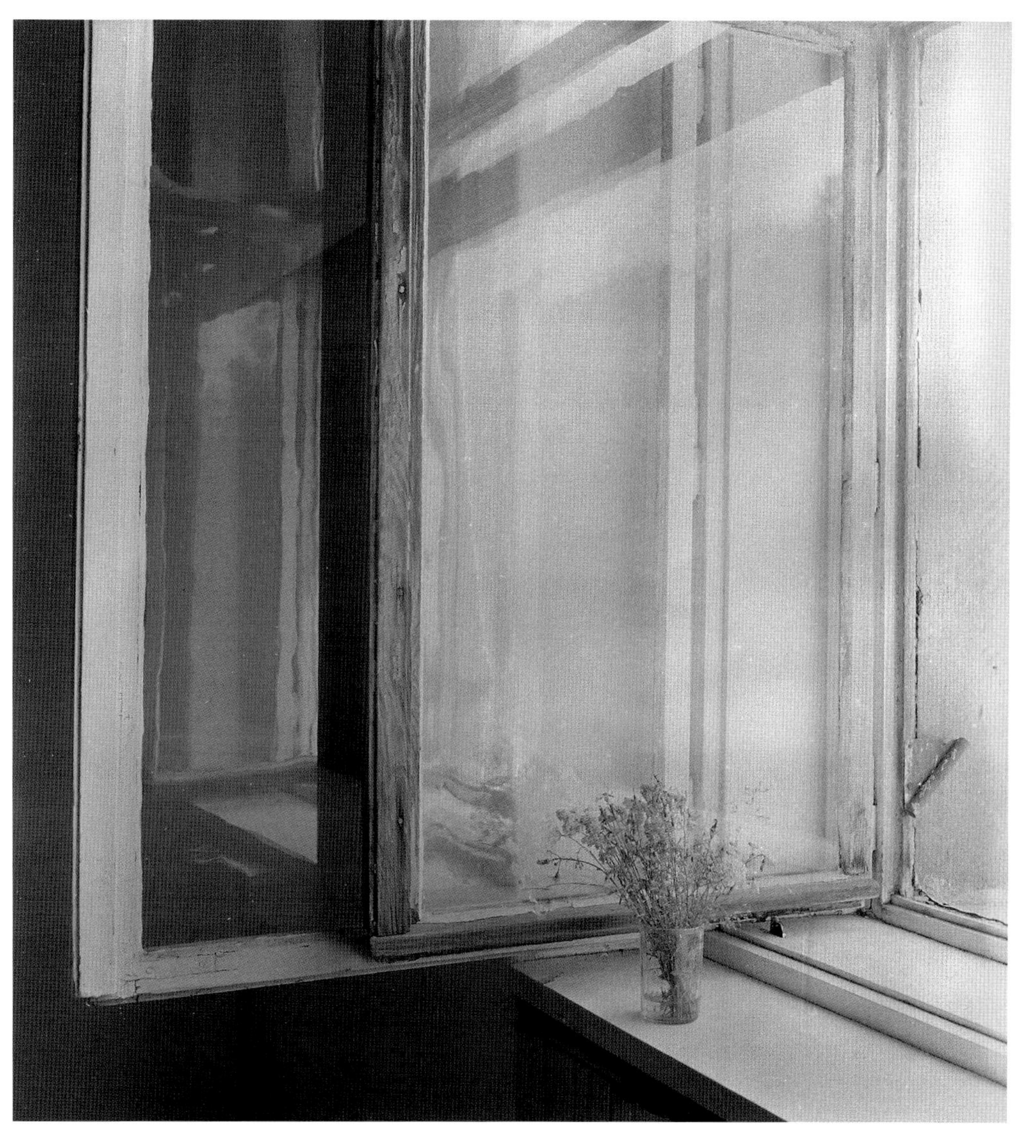

87 **A Happy Day / Šťastný den** 1983

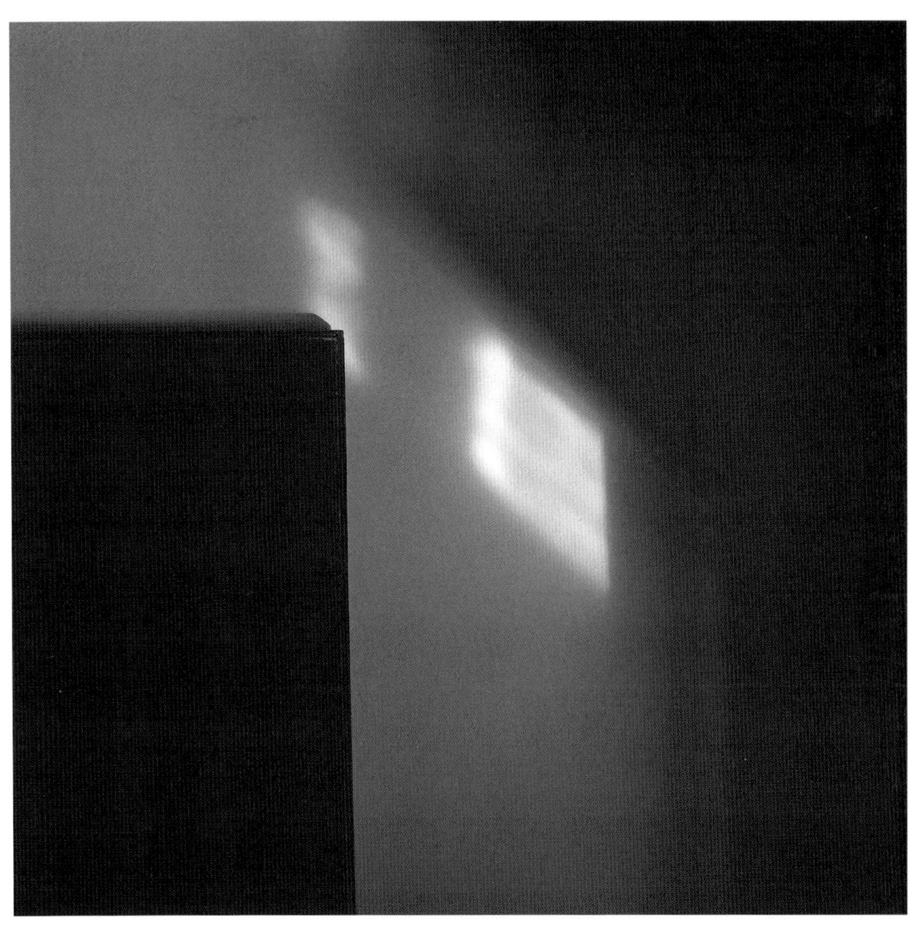

88 **From the *Winter Morning* series / Z cyklu Zimní ráno** *c.* 1980

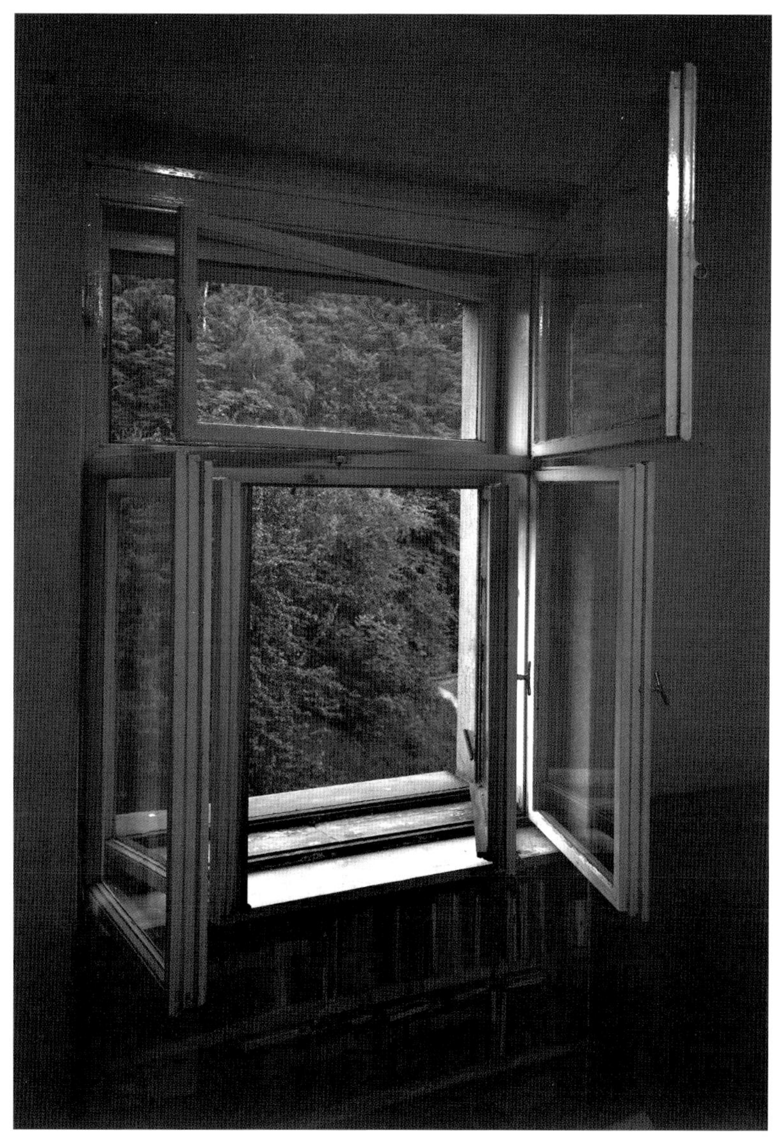

89 **Dawning / Rozednívání** 1975–76

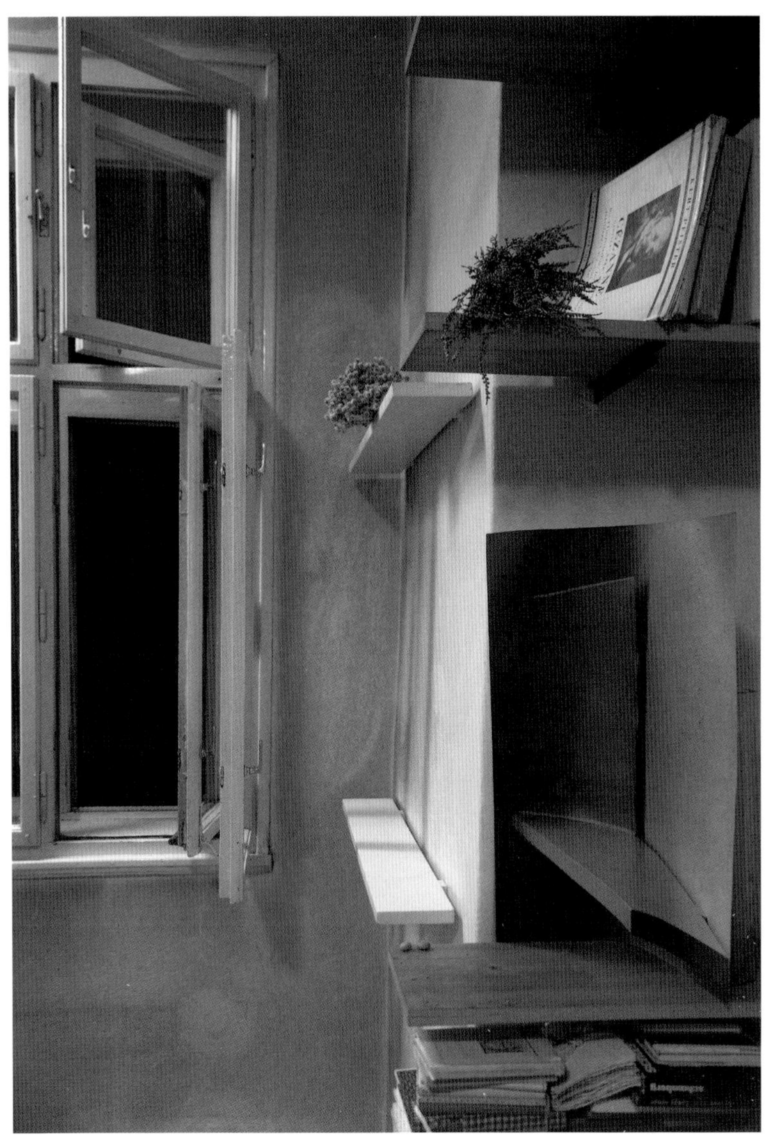

90 **Night / Noc** 1975

91 **Homage to the Light / Pocta světlu** 1986

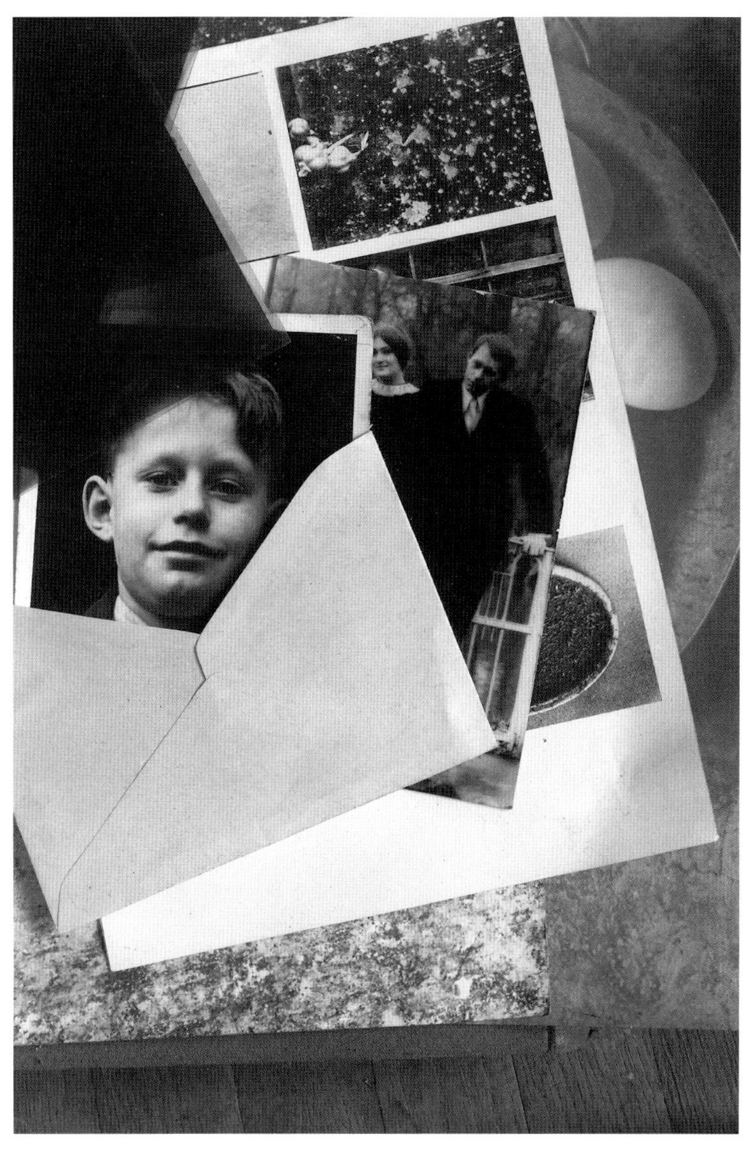

92 **Found Still Life, Self-portrait / Nalezené zátiší, Autoportrét** 1985

Biographical Chronology

1934 Born on 27 July, in Bohuňovice, near Olomouc, the eldest son of an employee of the railroad, František Svoboda, and Marie, neé Musilová.

1946–47 Was given a Kodak camera by a family friend.

1949–50 Trained to be a modeller in the porcelain factory in Stará Role, near Karlovy Vary (Carlsbad), west Bohemia.

1950–54 Attended the School of Applied Arts (Vyšší škola uměleckého průmyslu), Prague; from 1952 studied stage design with Richard Lander.

1954 Married his classmate, Julie Oberdingová (1933–1998).

1954–56 Did military service in Janovice nad Úhlavou, southwest Bohemia.

1956–57 Worked as a graphic artist in the publicity department of the Stavoprojekt enterprise.

1957–58 Made his first series of photographs, *100 Views of the Michle Gasworks*.

1957–60 Employed at the Sovětská kniha bookshop.

1958 Became acquainted with the works of Josef Sudek at an exhibition in the Aleš Hall, Prague.

1960–71 Employed in the publicity department of the Obuv Praha shoe shop.

1962 Worked as a photographer with Emil Radok and Jaromil Jireš on the film *Don Špagát* for the Laterna Magika and with Jan Švankmajer for the multi-screen film *Jablonec 1962*.

1963 Was made a member of the Máj (May) group. A year later, showed five photographs in the last Máj exhibition, held in the Galerie Nová síň, Prague.

1965 Married the graphic artist Anna Horáčková.

c. 1966 Made about 150 photographs of statutes, objects, and surfaces for a book by Miroslav Chlupáč, *Pojednání o plastice* (A Treatise on Sculpture), which was never published.

1967 Made a series of photographs for a planned book about the architectural monuments and natural landscape of the Benešov region.

1968 His first solo exhibition was held in the Galerie na Karlově náměstí, Prague; which then travelled to Brno and Ostrov nad Ohří.

1971–83 Was employed as a photographer at the Museum of Decorative Arts in Prague.

1975 The so far largest retrospective of his works (185 photographs) was shown in Kunštát House, Brno.

1977 Underwent a difficult stomach operation.

1982 Exhibitions of his work were held at the Photographers' Gallery, London, and the Museum of Modern Art, Oxford.

1983 The exhibition "A Comparison I: Sudek / Svoboda" was held in Roudnice nad Labem.

1987 A solo exhibition of his works was held in the Galerie Fotochema, Prague.

1990 Died on 1 January (according to the death certificate) in his flat in the Prague district of Košíře.

1991 A monograph about him, by Petr Balajka in collaboration with Svoboda, was published by Odeon.

1994–95 Antonín Dufek organized a retrospective to mark the sixtieth anniversary of Svoboda's birth, at the Moravian Gallery, Brno, and the Museum of Decorative Arts in Prague.

2005 The Moravian Gallery, Brno, bought a substantial part of Svoboda's estate from Anna Svobodová.

Životopisná data

1934	Narodil se 27. července v Bohuňovicích u Olomouce jako prvorozený syn železničáře Františka Svobody a Marie Musilové.
1946–47	Dostává od rodinného přítele fotoaparát Kodak.
1949–50	Učí se modelérem porcelánu v porcelánce ve Staré Roli u Karlových Varů.
1950–54	Studuje Vyšší školu uměleckého průmyslu v Praze, od roku 1952 specializovaný obor scénické výtvarnictví (prof. Richard Lander).
1954	Žení se se spolužačkou Julií Oberdingovou (1933–1998).
1954–56	Absolvuje vojenskou službu v Janovicích nad Úhlavou.
1956–57	Pracuje jako propagační výtvarník ve Stavoprojektu.
1957–58	Vzniká první fotografický cyklus „100 pohledů na michelskou plynárnu".
1957–60	Je zaměstnán v Sovětské knize.
1958	Setkává se s dílem Josefa Sudka na výstavě v Alšově síni v Praze.
1960–71	Je zaměstnán v propagačním oddělení podniku Obuv Praha.
1962	Spolupracuje jako fotograf s Emilem Radokem a Jaromilem Jirešem na filmu *Don Špagát* pro Laternu Magiku a s Janem Švankmajerem na polyekranu *Jablonec 1962*.
1963	Je přijat za člena skupiny Máj. O rok později se účastní její poslední výstavy v Galerii Nová síň v Praze pěti fotografiemi.
1965	Žení se s grafičkou Annou Horáčkovou.
asi 1966	Pro nevydanou knihu Miroslava Chlupáče *Pojednání o plastice* pořizuje kolem 150 fotografií soch, objektů a povrchů.
1967	Vzniká cyklus fotografií pro plánovanou knihu o památkách a přírodě Benešovska.
1968	Uskutečňuje se první samostatná výstava v Galerii na Karlově náměstí v Praze (reprízy: Brno, Ostrov nad Ohří).
1971–83	Je zaměstnán jako fotograf Uměleckoprůmyslového muzea v Praze.
1975	Zatím nejrozsáhlejší retrospektiva v Domě pánů z Kunštátu v Brně představuje 185 autorových fotografií.
1977	Podstupuje těžkou operaci žaludku.
1982	Konají se výstavy v Photographers' Gallery v Londýně a v The Museum of Modern Art v Oxfordu.
1983	Koná se výstava Komparace I. Sudek / Svoboda v Roudnici nad Labem.
1987	Koná se samostatná výstava v Galerii Fotochema v Praze.
1990	Umírá 1. ledna (dle lékařské zprávy) ve svém bytě v Praze-Košířích.
1991	Posmrtně vychází v nakladatelství Odeon monografie připravená Petrem Balajkou ve spolupráci s autorem.
1994–95	Antonín Dufek připravuje v Moravské galerii v Brně a v Uměleckoprůmyslovém museu v Praze retrospektivu k autorovým nedožitým šedesátinám.
2005	Moravská galerie v Brně odkupuje od Anny Svobodové zásadní část autorovy pozůstalosti.

Solo Exhibitions / Samostatné výstavy

1968 *Jan Svoboda: Fotografie*, Galerie na Karlově náměstí, Praha (katalog Anna Fárová)
1968 *Jan Svoboda: Fotografie*, Kabinet Jaromíra Funka, Brno (týž katalog)
1969 *Jan Svoboda: Fotografie*, Galerie výtvarného umění, Ostrov nad Ohří (týž katalog)
1969 *Jan Svoboda: Fotografie*, Šímova síň, Benešov (katalog Anna Fárová a Zdeněk Palán)
1970 *Jan Svoboda: Fotografie*, Kabinet grafiky, Oblastní galerie, Olomouc (katalog Jaromír Zemina)
1971 *Jan Svoboda*, Kino Družba, Brno (katalog Jaromír Zemina)
1975 *Jan Svoboda*, Dům pánů z Kunštátu, Brno (katalog Antonín Dufek, úprava Anna Svobodová, instalace Milan Pitlach)
1977 výstava v bytě Františka Provazníka, Praha (úvodní slovo Jiří Poláček)
1978 *Portret rzeźbiarza: Jan Svoboda w pracowni Zdenka Palcra*, Wrocławska Galeria Fotografii, Wrocław (katalog Jaromír Zemina)
1979 *Jan Svoboda, 13 fotografische Bilder*, Galerie Print, Worpswede (katalog K. H. Lambers a Antonín Dufek)
1979 výstava v bytě Petra Rezka, Praha
1980 *Fotograf w pracowni rzeźbiarza*, Łódzkie Towarzystwo Fotograficzne, Salon Fotografiki, Łódź (katalog Lech Lechowicz a Vladimíra Pštrossová)
1982 The Photographers' Gallery, London (katalog Antonín Dufek)
1982 The Museum of Modern Art, Oxford (týž katalog)
1983 *Komparace I. Fotografie Josefa Sudka a Jana Svobody*, Galerie výtvarného umění v Roudnici nad Labem (katalog Zdeněk Kirschner)
1986 *Jan Svoboda: Są wspomnienia wspomnień*, Foto-Medium-Art, Wrocław
1986 *Jan Svoboda: Fotografie*, Malá galerie Československé státní spořitelny, Kladno
1987 Výstavní síň Fotochemy, Praha
1992 Galerie in der Brotfabrik, Berlin
1994 *O světle. Václav Boštík: Kresby, Jiří Seifert: Sochy, Jan Svoboda: Fotografie*, Galerie U Bílého jednorožce, Klatovy (katalog Jaromír Zemina)
1994 *Jan Svoboda: Fotografie / Photographs*, Pražákův palác, Moravská galerie v Brně, Brno
1995 *Jan Svoboda: Fotografie / Photographs*, Uměleckoprůmyslové museum, Praha
2000 České centrum fotografie, Praha
2004 *Jan Svoboda – rané dílo 1963–1968*, Mesiac fotografie, Výstavná sieň Slovenského plynárenského priemyslu, Bratislava
2006 *Jan Svoboda: Z pozůstalosti*, Ateliér Josefa Sudka, Praha (katalog Pavel Vančát)
2006 *Stanislav Kolíbal und Jan Svoboda*, Galerie Storms, München
2006 *L'ombre de Jan Svoboda*, Centre de photographie, Lectoure
2006 La Galerie de La Filature, Mulhouse
2011 *Jan Svoboda (1934–1990)*, Ateliér Josefa Sudka, Praha (katalog Josef Moucha)

Selected Group Exhibitions / Skupinové výstavy (výběr)

1964 *Skupina Máj*, Galerie Nová síň, Praha
1969 *Cykly a seriály*, Obecní dům, Praha (repríza 1970, Dům umění, Brno)
1970 *Cien grabados y cien fotografias Checoslovaquia*, Museo universitario de ciencias y arte, Mexico City (katalog Jiří Mašín)
1971 *10 fotografů*, Dům umění města Brna, Brno
1971 *Ateliéry*, Galerie U Řečických, Praha (katalog Ondřej Sekora)
1973–74 *Československá fotografie 1971–72*, Moravská galerie, Brno (katalog Antonín Dufek)
1978 *Strom*, Dům pánů z Kunštátu, Brno (katalog Jaroslav Anděl)
1983 *Motiv okna v díle deseti současných českých výtvarných umělců*, Letohrádek Ostrov, Ostrov (katalog Hana Rousová)
1984 *Česká výtvarná fotografie*. Galerie „d", Praha (katalog Jiří Mašín a Vladimír Birgus)
1984 *Współczesna sztuka czeska*, Druga kolekcja Janiny Ojrzyńskiej, Muzeum Narodowe, Wrocław
1986 *Fotografia Elementarna*, Galerie Sztuki Współczesnej, Szczecin
1986 *Méně*, Galéria F, Banská Bystrica (repríza Galerie G4, Cheb) (katalog Tomáš Fassati)
1989 *Československá fotografie 1945–1989*, Valdštejnská jízdárna, Praha
1989 *Elementarność fotografii*, Galeria BWA, Wrocław (katalog Jerzy Olek, Antonín Dufek, Andrzej Saj)
1989 *150 fotografií*, Moravská galerie v Brně, Brno
1989 *Současná československá fotografie*, Holland Foto 89, De Nieuwe Kerk, Amsterdam
1990 *Tchechoslowakische Photographie der Gegenwart*, Museum Ludwig, Köln (reprízy: 1990–94 Erlangen, Metz, Luxembourg, Strasbourg, Odense, Freiburg, Barcelona, Waldkraiburg, Austin, Lawrence)
1990 *Photographie progressive en Tchécoslovaquie 1920–1990*, Galerie Robert Doisneau, Vandœuvre-lès-Nancy (katalog Claude Philippot, Christian Caujolle, Anna Fárová, Zdeněk Primus ad.) (reprízy: Mühlheim, Strasbourg)
1991 *Český informel: Průkopníci abstrakce z let 1957–1964*, Staroměstská radnice, Praha (katalog Mahulena Nešlehová)
1991 *In memoriam*, Mánes, Praha (repríza Litomyšl)
1991 *V dimenzích prázdna*, Galerie moderního umění v Roudnici nad Labem (repríza 1992, Olomouc)
1994 *Europa, Europa: Das Jahrhundert der Avantgarde in Mittel- und Osteuropa*, Kunst- und Ausstellungshalle der Bundesrepublik Deutschland, Bonn (katalog Ryszard Stanisławski a Christoph Brockhaus)
2001 *Fotografie jako umění v Československu let 1959–68*, Moravská galerie v Brně, Brno (katalog Antonín Dufek)
2002 *Česká a slovenská fotografie 80.–90. let 20. století*, Muzeum umění Olomouc, Olomouc (katalog Lucia Lendelová, Tomáš Pospěch, Helena Rišlinková) (repríza Dom umenia, Bratislava)
2003 *Umění je abstrakce. Česká vizuální kultura 60. let*, Jízdárna Pražského hradu, Praha (reprízy: Uměleckoprůmyslové muzeum, Brno; Salon, Kabinet, Olomouc; Galerie U Bílého jednorožce, Klatovy)

2003 *Ejhle světlo / Look Light*, Moravská galerie v Brně, Brno (repríza 2004, Jízdárna Pražského hradu, Praha) (katalog Jiří Zemánek)
2004 *fotografie??*, Galerie U Bílého jednorožce, Klatovy (repríza 2005, Dům pánů z Kunštátu, Brno) (katalog Jan Freiberg a Pavel Vančát)
2004 *Blízká vzdálenost / Közeli távolság / Proximate Distance*, Szent István Király Múzeum, Székesfehérvár
2005 *Česká fotografie 20. století*, Uměleckoprůmyslové museum a Galerie hlavního města Prahy, Praha (katalog Vladimír Birgus a Jan Mlčoch)
2006 *Anna Fárová & fotografie*, Langhans Galerie, Praha
2007 *Skupina Máj 57. Úsilí o uměleckou svobodu na přelomu 50. a 60. let*, Pražský hrad, Císařská konírna, Praha (katalog Adriana Primusová a Marie Klimešová)
2007 *Fotografie 70. let v ČSR*, Galerie U Bílého jednorožce, Klatovy
2008 *Nechci v kleci! / No cage for me!*, Muzeum umění, Olomouc
2008 *Třetí strana zdi. Fotografie v Československu 1969–1988*, Moravská galerie v Brně, Brno (katalog Antonín Dufek)
2009 *Tschechische Fotografie des 20. Jahrhunderts*, Kunst- und Ausstellungshalle der Bundesrepublik Deutschland, Bonn
2009 *Mimo zónu / Outside*, Langhans Galerie Praha, Praha

Represented in Collections / Zastoupení ve sbírkách

Bibliothèque nationale de France, Paris
Galerie Klatovy/Klenová, Klatovy
Moravská galerie v Brně, Brno
Museo universitario de ciencias y arte, Mexico City
Muzeum narodowe, Wrocław
Muzeum sztuki, Łódź
Muzeum umění Olomouc, Olomouc
Národní galerie, Praha
Severočeská galerie výtvarného umění, Litoměřice
Uměleckoprůmyslové museum, Praha
Východočeská galerie, Pardubice

Bibliography / Literatura

Books / Knihy

Fárová, Anna: *Současná fotografie v Československu*, Praha, Obelisk 1972 (náklad zničen).
Srp, Karel: *Jan Svoboda: fotografie*, Situace 7, Praha, Jazzová sekce Svazu hudebníků 1980.
Mrázková, Daniela & Remeš, Vladimír: *Cesty československé fotografie*, Praha, Mladá fronta 1989.
Balajka, Petr: *Jan Svoboda*, Praha, Odeon 1991 (další texty Jaromír Zemina a Josef Moucha).
Balajka, Petr & Birgus, Vladimír & Dufek, Antonín a kol.: *Encyklopedie českých a slovenských fotografů*, Praha, Asco 1993.
Dufek, Antonín & Teplá, Jana: *Jan Svoboda*, Brno, Moravská galerie v Brně, 1994.
Stanisławski, Ryzard & Brockhaus, Christoph (eds.): *Europa, Europa: Das Jahrhundert der Avantgarde in Mittel- und Osteuropa*, Bonn, Kunst- und Ausstellungshalle der Bundesrepublik Deutschland 1994.
Horová, Anděla (ed.): *Nová encyklopedie českého výtvarného umění*, Praha, Academia 1995.
Tomeš, Josef a kol.: *Český biografický slovník XX. století* (3. díl, Q–Ž), Praha, Paseka 1999.
Malá, Alena (ed.): *Slovník českých a slovenských výtvarných umělců 1950–2005* (XV., St – Šam), Ostrava, Výtvarné centrum Chagall 2005.
Anna Fárová & fotografie/Photography, Praha, Langhans Galerie 2006.
Birgus, Vladimír & Mlčoch, Jan: *Česká fotografie 20. století*, Praha, Kant 2010.

Articles / Články

Šetlík, Jiří: Pražské výstavy v dubnu (k výstavě skupiny Máj), *Výtvarná práce* XII, 1964, č. 8, s. 2, 9.
Fárová, Anna: proslov při vernisáži výstavy v Galerii na Karlově náměstí, část uveřejněna in: *Výtvarná práce* XVI, 1968, č. 19, s. 5.
-dvk- (Karel Dvořák): Procházky po výstavách (k výstavě v Galerii na Karlově náměstí), *Československá fotografie* XIX, 1968, s. 469.
-K. O. H.- (K. O. Hrubý): Procházky po výstavách (k výstavě v Kabinetu Jaromíra Funka), *Československá fotografie* XX, 1969, s. 61.
Dvořák, Karel: Tvář československé fotografie – Jan Svoboda, *Československá fotografie* XXI, 1970, s. 342–343.
-dvk- (Karel Dvořák): Procházky po výstavách (k výstavě Ateliéry), *Československá fotografie* XXII, 1971, s. 177.
-AK- (Alena Konečná): Procházky po výstavách (k výstavě v kině Družba), *Československá fotografie* XXIII, 1972, s. 65.
Dufek, Antonín: Prehrštie výstav (k výstavě v kině Družba), *Výtvarnictvo, fotografia, film* X, 1972, s. 111.
Anděl, Jaroslav: *Jan Svoboda*, seminární práce katedry dějin umění Univerzity Karlovy, Praha 1972 (22 s., netištěno)
Fárová, Anna: Ze sbírek UPM v Praze XIX. Jan Svoboda, *Československá fotografie* XXIV, 1973, s. 308–309.

Hrubý, K. O.: Procházky po výstavách, *Československá fotografie* XXVI, 1975, č. 8, s. 61.
Kříž, Jan: Z tvůrčí dílny J. Svobody, *Československá fotografie* XXVI, 1975, č. 11, s. 499–500.
Anděl, Jaroslav: Jan Svoboda – výstavní retrospektivy, *Revue fotografie* XIX, 1975, č. 3, s. 74.
Dufek, Antonín: O súbornej výstave Jana Svobodu, *Výtvarnictvo, fotografia, film* XII, 1975, č. 7, s. 496–500.
Kříž. Jan: Stůl ve fotografiích Jana Svobody, *Revue fotografie* XXII, 1978, č. 1, s. 21–24 (uveřejněna jen redakčně zkrácená verze).
Kroutvor, Josef: Něha a krutost Jana Svobody, text k neuskutečněné výstavě v Kolíně, strojopis, 1979 (in: Kroutvor, Josef: *Suterény, vybrané kritické texty 1969–1983*, samizdat, Praha 1983, s. 108–111, tiskem in: Kroutvor, Josef: S*uterény, vybrané kritické texty 1969–2000*, Jinočany, H & H 2001, s. 163–167.
Nosek, Arnošt: O Janu Svobodovi, o fotografovi, o umění, Závěrečná teoretická práce na katedře fotografie FAMU, Praha 1981.
Dufek, Antonín: Dvě poznámky o Janu Svobodovi, *Bulletin Moravské galerie v Brně* XXXIII, 1982, s. 48–50.
Taylor, Liba: rozhovor s Janem Svobodou, *British Journal of Photography* 129, 18. 6. 1982, č. 25/6359.
Goto, John & Horsfield, Craigie: Form and Reality, *Creative Camera*, 1983, č. 228 (část přetištěna v *Revue fotografie* XXVIII, 1984, č. 1, s. 62)
Kirschner, Zdeněk: Porovnání, *Revue fotografie* XXVIII, 1984, č. 1, s. 64–69.
Nový, Antonín: Soukromé krajiny Jana Svobody, *Československá fotografie* XXXVII, 1986, č. 10, s. 468–472.
Olek, Jerzy: Rzeczy, jakimi sa, *Projekt*, 1985, č. 6, s. 165.
Šolc, Ladislav: Svobodův pokus o dialog, *Československá fotografie* XXXVIII, 1987, č. 11, s. 498–499.
Merta, Petr: Zátiší v současné fotografii, Závěrečná teoretická práce na katedře fotografie FAMU, Praha 1987 (rozhovor s Janem Svobodou).
Balajka, Petr: Jan Svoboda – rozhovor k pětapadesátinám autora, *Revue fotografie* XXXIII, 1989, č. 3, s. 24–33.
Balajka, Petr: Za Janem Svobodou, *Československá fotografie* XLI, 1990, č. 8, s. 351–352.
Fárová, Anna: Jan Svoboda 1934–1990, *Post*, 1990, č. 3, nestránkováno.
Dufek, Antonín: Das Medium Fotografie im Zeitalter Künstlerischer Avantgarden, in: *Europa, Europa: Das Jahrhundert der Avantgarde in Mittel- und Osteuropa*, Bonn, Kunst- und Ausstellungshalle der Bundesrepublik Deutschland 1994, s. 426–453.
Moucha, Josef: Jan Svoboda – fotografie, *Ateliér*, 1995, č. 21.
Vančát, Pavel: Jan Svoboda / melancholie modernismu / melancholy of modernism (portfolio), *Fotograf* III, 2004, č. 4, s. 26–37.
Moucha, Josef: Jan Svoboda, in: *Retrospektiva galerie 4*, Cheb, Galerie G4 2005, s. 74–77.
Dufek, Antonín: Fotografická konjunktura v komunistickém režimu: fotografie v Československu 1950–1989, *Bulletin Moravské galerie v Brně* LXV, 2009, s. 116–122.
Machalický, Jiří: Světlo, stín a tma, *Ateliér* XXIV, 2011, č. 7, 7. 4., s. 7.

List of Published Photographs

p. 2 Portrait of Jan Svoboda, 1970s
1 View of the Gasworks, 1957–58
2 View of the Gasworks, 1957–58
3 Annunciation, 1958
4 Untitled, *c.* 1958
5 Untitled, 1959
6 Transformer at Spořilov, *c.* 1959
7 Study, *c.* 1960
8 Untitled, end of 1950s
9 Presentiment, Stone II, 1963, 55.9×40.3 cm
10 Phantom I, Stone III, 1963, 56.7×41.9 cm
11 Thistles, *c.* 1960
12 Window (Study), 1963
13 Melancholy, 1963, 55.5×40 cm
14 Wounded Wall, 1963, 56×39 cm, MG
15 Against the Light (Literally), 1964, 38.6×29 cm, MG
16 Breathing In and Sniffing, 1964, 39×29 cm
17 Cove, 1964, 39×29 cm
18 Wave, 1964, 39.1×29.4 cm, MG
19 Pears I, 1964, 39×29 cm, MG
20 The Gardener's Bud, *c.* 1966
21 Fly Trap, 1966, 39×29 cm
22 Štolmíř, 1966
23 Bicycle, 1966
24 Window III, 1968, 39×29 cm
25 Galium odoratum II, 1966, 39×29 cm
26 Dream, Stone VII, 1968, 57×41.8 mm
27 Scarf, 1966, 26.5×38 cm
28 Garlic, 1968, 55×42cm, 38.9×28.8 cm, MG
29 Surface, 1967, 55.5×42 cm
30 Little Frame, 1968, 56×42 cm
31 There Are Memories of Memories, 1969, 29.4×39.1 cm, MG
32 With a Bluish Tide, 1968, 39.7×30.3 cm, MG
33 The Other Side of a Photograph, 1969, 28.5×39.5 cm, MG
34 A Photograph for Mrs. A., 1970, 42.5×59.5 cm, MG
35 Still Life with a Thread (Conversation with Mr. B.), 1969
36 Rags, 1970, 42×57.5 cm
37 Refrigerator, 1969, 50×70 cm, MG
38 In the Kitchen XII, Tiles, 1969, 38×28 cm, MG
39 Imprint I, 1970, 39.3×29.3 cm, MG

40 Twenty-third Photograph after Josef Sudek, 1970, 29×23 cm
41 A Half VII, 1970, 67 3×104 7 cm, MG
42 A Picture That Will Not Return II, 1971, 42 4×58.5 cm, MG
43 An Attempt at the Ideal Proportion III, 1971, 50×70 cm
44 Fragment of a Photographic Plate , 1971, 29×42 cm
45 View from a Window V, 1971, 42.5×57 cm, MG
46 A Photograph for Stanislav Kolíbal, 1971, 56.3×39 cm, MG
47 Homage to Zdeněk Palcr, 1971, 110×75 cm
48 Little Mirror, 1971, 56×39 cm, MG
49 Prepicture V, 1971, 57×43.6 cm, MG
50 A Picture That Will Not Return III, 1971, 57.6×39.8 cm, MG
51 Table III, 1970, 90×125 cm
52 Table XXXIII, 1971
53 Blue Picture, 1972, 139×90 cm
54 Pink Landscape, 1972, 55×80 cm
55 Space for a Pink Picture, 1972, 104.5×79.9 cm, MG
56 Prepicture VI, 1971, 57×39 cm
57 Table XX, 1971, 88,9×123.4 cm, MG
58 View from a Window XII, 1972, 45×29 cm
59 Prepicture XVII, After Bayard, 1972, 39×56 cm, MG
60 From the *Quarter of a Table* series, 1975
61 Prepicture XVI, Photographs for My Lady, 1972
62 An Attempt at the Ideal Proportion II, 1971, 28×43 cm
63 A Picture That Will Not Return XXXV, 1972, 751×514 mm, MG
64 Fragment of a Table III, 1973, 556×382mm
65 View from a Focusing Screen, 1973, 56.5×39.5 cm
66 Seventh Photograph for H. B., 1974, 20×30 cm
67 First Photograph for an Unknown Lady, 1974, 59×40 cm
68 From Lemberk, 1974
69 Late at Night, 1982 (negative 1972–73?), 407×539mm, MG
70 From the *Quarter of a Table* series, *c.* 1975
71 Ruler, 1975–76, 74.6×53.5 cm, MG
72 Untitled, 1976–77
73 Late at Night, 1975
74 Studio, 1976
75 Fake Space III, Mirror, 1975, 30×39 cm
76 Untitled, *c.* 1970
77 Untitled, 1980s
78 On the Table I, 1976
79 Three Pairs, 1985, 19×26.5 cm
80 Film, 1981
81 Ground Plan of a Table (Variation), 1982, 43.5×55.8mm

82 Negatives, 1982
83 On the Table (Still Life with Agfa), 1983
84 Nostalgia, 1983, 29×39 cm
85 Broken Focusing Screen, 1983, 45×70 cm
86 A Dream about a Table, 1985, 43×55.5 cm
87 A Happy Day, 1983, 43×43 cm
88 From the *Winter Morning* series, *c.* 1980
89 Dawning, 1975–76, 73.4×53.5 cm, MG
90 Night, 1975, 111.6×78.2 cm, MG
91 Homage to the Light, 1986, 38×55.5 cm
92 Found Still Life, Self-portrait, 1985

Photographs marked "MG" are from the Moravian Gallery, Brno.
Since some of the original prints are inaccessible, dimensions (which often play an essential role in the total effect of the originals) are provided only where confirmed.

Seznam publikovaných fotografií

s. 2 Portrét Jana Svobody, 70. léta
1 Pohled na plynárnu, 1957–58
2 Pohled na plynárnu, 1957–58
3 Zvěstování, 1958
4 Bez názvu, asi 1958
5 Bez názvu, 1959
6 Transformátor na Spořilově, asi 1959
7 Studie, asi 1960
8 Bez názvu, konec 50. let
9 Předtucha, Kámen II, 1963, 55,9×40,3 cm
10 Přelud I, Kámen III, 1963, 56,7×41,9 cm
11 Bodláky, asi 1960
12 Okno (Studie), 1963
13 Melancholie, 1963, 55,5×40 cm
14 Poraněná zeď, 1963, 56×39 cm, MG
15 Proti světlu (doslova), 1964, 38,6×29 cm, MG
16 Vdechnutí a vonění, 1964, 39×29 cm
17 Zátoka, 1964, 39×29 cm
18 Vlna, 1964, 39,1×29,4 cm, MG
19 Hrušky I, 1964, 39×29 cm, MG
20 Poupě pana zahradníka, asi 1966
21 Mucholapka, 1966, 39×29 cm
22 Štolmíř, 1966
23 Kolo, 1966
24 Okno III, 1968, 39×29 cm
25 Mařinka II, 1966, 39×29 cm
26 Sen, Kámen VII, 1968, 57×41,8 mm
27 Šála, 1966, 26,5×38 cm
28 Česnek, 1968, 55×42cm, 38,9×28,8 cm, MG
29 Povrch, 1967, 55,5×42 cm
30 Rámeček, 1968, 56×42 cm
31 Jsou vzpomínky vzpomínek, 1969, 29,4×39,1 cm, MG
32 S přílivem modravým, 1968, 39,7×30,3 cm, MG
33 Druhá strana fotografie, 1969, 28,5×39,5 cm, MG
34 Fotografie pro paní A., 1970, 42,5×59,5 cm, MG
35 Zátiší s nití (Rozhovor s panem B.), 1969
36 Hadříky, 1970, 42×57,5 cm
37 Chladnička, 1969, 50×70 cm, MG
38 V kuchyni XII, Kachlíčky, 1969, 38×28 cm, MG
39 Otisk I, 1970, 39,3×29,3 cm, MG

40 Dvacátá třetí fotografie podle Josefa Sudka, 1970, 29×23 cm
41 Polovina VII, 1970, 67,3×104,7 cm, MG
42 Obraz, který se nevrátí II, 1971, 42,4×58,5 cm, MG
43 Pokus o ideální proporci III, 1971, 50×70 cm
44 Fragment fotografické desky, 1971, 29×42 cm
45 Pohled z okna V, 1971, 42,5×57 cm, MG
46 Fotografie pro Stanislava Kolíbala, 1971, 56,3×39 cm, MG
47 Pocta Zdeňku Palcrovi, 1971, 110×75 cm
48 Zrcátko, 1971, 56×39 cm, MG
49 Předobraz V, 1971, 57×43,6 cm, MG
50 Obraz, který se nevrátí III, 1971, 57,6×39,8 cm, MG
51 Stůl III, 1970, 90×125 cm
52 Stůl XXXIII, 1971
53 Modrý obraz, 1972, 139×90 cm
54 Růžová krajina, 1972, 55×80 cm
55 Prostor pro růžový obraz, 1972, 104,5×79,9 cm, MG
56 Předobraz VI, 1971, 57×39 cm
57 Stůl XX, 1971, 88,9×123,4 cm, MG
58 Pohled z okna XII, 1972, 45×29 cm
59 Předobraz XVII, Podle Bayarda, 1972, 39×56 cm, MG
60 Z cyklu Čtvrtina stolu, 1975
61 Předobraz XVI, Fotografie pro moji paní, 1972
62 Pokus o ideální proporci II, 1971, 28×43 cm
63 Obraz, který se nevrátí XXXV, 1972, 751×514mm, MG
64 Fragment stolu III, 1973, 556×382mm
65 Pohled z matnice, 1973, 56,5×39,5 cm
66 Sedmá fotografie pro H. B., 1974, 20×30 cm
67 První fotografie pro neznámou, 1974, 59×40 cm
68 Z Lemberka, 1974
69 Pozdě v noci, 1982 (negativ 1972–73?), 407×539mm, MG
70 Z cyklu Čtvrtina stolu, asi 1975
71 Pravítko, 1975–76, 74,6×53,5 cm, MG
72 Bez názvu, 1976–77
73 Pozdě v noci, 1975
74 Ateliér, 1976
75 Falešný prostor III, Zrcátko, 1975, 30×39 cm
76 Bez názvu, asi 1970
77 Bez názvu, 80. léta
78 Na stole I, 1976
79 Tři dvojice, 1985, 19×26,5 cm
80 Film, 1981
81 Půdorys stolu (Variace), 1982, 43,5×55,8mm

82 Negativy, 1982
83 Na stole (Zátiší s Agfou), 1983
84 Stesk, 1983, 29×39 cm
85 Rozbitá matnice, 1983, 45×70 cm
86 Sen o stole, 1985, 43×55,5 cm
87 Šťastný den, 1983, 43×43 cm
88 Z cyklu Zimní ráno, asi 1980
89 Rozednívání, 1975–76, 73,4×53,5 cm, MG
90 Noc, 1975, 111,6×78,2 cm, MG
91 Pocta světlu, 1986, 38×55,5 cm
92 Nalezené zátiší, Autoportrét, 1985

Reprodukce označené „MG" pocházejí z archivu Moravské galerie v Brně.
Vzhledem k nedostupnosti některých původních zvětšenin uvádíme rozměry (které hrají často podstatnou roli pro vyznění originálu) jen v potvrzených případech.

Jan Svoboda

by Pavel Vančát
Translation: Derek & Marzia Paton
Graphic concept: Studio Najbrt, Prague
Graphic design: Aleš Najbrt & Martina Krýslová, Studio Najbrt
Prepress: Marvil, Prague
Printed by PB tisk, Příbram
Copy editors: Jan Šulc & Derek Paton
Published by TORST
Address: Opatovická 24, Prague 1
CZ-110 00, Czech Republic
foto@torst.cz
First edition, 2011

Also available through D. A. P. / Distributed Art Publishers
155 Sixth Avenue, 2nd Floor, New York, N.Y. 10013, USA
Tel: ++1 (212) 627-1999 Fax: ++1 (212) 627-9484